Si je ne peux plus marcher, je courrai !

Axelle Huber

Si je ne peux plus marcher, je courrai !

Préface de Philippe Pozzo di Borgo

MAME

MAME

Direction : Guillaume Arnaud
Direction éditoriale : David Gabillet
Direction artistique : Élisabeth Hebert
Édition : Pauline Trémolet, assistée de Marie de Contenson et de Pauline Farret d'Astiès
Compositeur : FACOMPO
Direction de fabrication : Thierry Dubus
Fabrication : Marie Guibert

www.mameeditions.com
ISBN : 978-2-7289-2263-5
MDS : 531 582

Préface

Allongé devant les palmiers et les grappes de bougainvilliers blancs, le flamboyant éclatant, les araucarias austères, à l'ombre des eucalyptus de notre campagne d'Essaouira, au Maroc, j'ai lu quelques pages de ce manuscrit et je n'ai pu arrêter ma lecture avant le point final. J'ai été sous le choc des écrits d'Axelle Huber et je reste profondément marqué par ce partage. Un véritable envoûtement. Axelle écrit avec une franchise désarmante, quel que soit le sujet abordé, souvent douloureux. Ses sentiments les plus délicats s'expriment avec force. Son écriture s'inscrit dans la poésie la plus sobre. Léonard, dans sa grande souffrance, est éclatant de présence.

Je l'ai relu immédiatement avec la même profonde émotion et la même joie devant tant d'épreuves partagées et de dignité. Il était six heures du soir ; j'ai fermé le livre, les tourterelles sont venues s'abreuver à la fontaine, sans s'inquiéter de ce lecteur immobile. Nous étions réconciliés avec la beauté du monde ; ce témoignage invite à l'attention à la différence et à la fragilité, à la tendresse et au nécessaire engagement. Quelle considération pour l'autre !

Je ne connaissais pas Axelle Huber. Un ami commun qui dirige cette admirable fédération Simon de Cyrène – foyers de vie pour grands traumatisés crâniens ou polyhandicapés et personnes valides – nous a mis en contact.

Léonard, son époux, était décédé depuis peu de temps de cette terrible maladie de Charcot. Axelle souhaitait me voir préfacer son *Si je ne peux plus marcher, je courrai !*, témoignage d'une vie partagée avec Léo et leurs enfants, pendant dix ans. Comme j'aurais aimé être l'ami de Léo ! Comme ses proches ont été bienheureux de le connaître !

Je sortais d'une année d'hospitalisation, qui avait été l'occasion pour moi de rédiger un essai sur l'altérité. Je retrouve chez Axelle et Léonard cette humilité, l'attention à l'autre, qui les rendait si proches et qui nous les rendent si tendrement familiers.

Pendant cette année, je m'engageais comme parrain de l'association « Soulager mais pas tuer » dans le débat sur la sédation et la fin de vie autour du projet de loi Leonetti/Claeys. Le témoignage d'Axelle sur l'agonie de Léonard est un hymne à la dignité aux extrêmes de la vie. Léonard ne pouvait rajouter de jours à sa vie, mais que de vie ces deux êtres qui s'aiment ont-ils ajouté au peu de jours qu'il leur restait sur cette terre !

Léonard, que je ne connaissais pas, est devenu un ami à travers ce livre ; il a vécu son grand handicap qui s'aggravait inexorablement, avec toujours la même élégance et la même vaillance, comme s'il fallait faire avec, et si possible avec humour, nécessairement avec amour. Ce qui frappe dans cette vie partagée, c'est que l'un et l'autre ont vécu pour l'autre, et pour les autres. Ce qui domine, c'est la ferme gentillesse de leur noyau familial, la profonde humanité, l'élévation d'esprit qui fait que ce ne sont pas des larmes de tristesse mais de joie qui accompagnent la lecture. Ce chemin de respect, d'amour et de présence, qu'ils ont parcouru ensemble jusqu'à l'extrême souffle de Léo et au-delà, est l'aspiration de chaque lecteur. Là réside un chemin de croix porté par un chemin de foi, illuminé par une espérance chrétienne. Les chapitres du livre sont scandés par des citations de Bernanos, toutes participant au rythme de ces deux cœurs confondus.

Je dicte ces phrases, sans plus savoir si ce sont celles d'Axelle ou si elles me sont inspirées par leur amour. Dans cette paix du soir, dans la fraîcheur des alizés d'Essaouira, elles confirment nos aspirations à une tranquille harmonie :

« Sourire de l'homme qui se sait aimé de Dieu d'un amour fou, qui s'aime et s'accepte dans sa profonde nudité, dans sa fragilité. Son sourire qui illumine les siens jusqu'au bout.

[...]

Cette croix lourde à porter, souvent perçue comme passion, comme souffrance, est aussi le lieu de rencontre de notre présent et de notre éternité.

[...]

Alors qu'il vit un profond chemin de croix, il tire sa joie de se laisser aimer. C'est cela sa charité : aimer, mais surtout, s'être laissé aimer.

[...]

Le chemin de la douceur, décrit avec tant de force, saisissant et inscrit dans l'éternité.

[...]

Cette épouse qui perd toute sa puissance pour révéler l'amour fou. »

Merci chère Axelle, de m'avoir accordé en toute confiance ce témoignage et votre amitié à tous deux, et de m'avoir soulagé de vous savoir sous sa protection.

Philippe Pozzo di Borgo

– Et si Papa était là… ?
– Mais il est là !
Mayalène, Gaétane, Clémence et Calixte

Mon Léo,
Il est tard.
Je suis seule dans notre lit et j'ai froid.
Tu ne rentreras pas ce soir.
Tu ne rentreras pas non plus demain.
Ni après-demain.
Ni jamais.

Jamais. Le mot est insupportable.
Voilà plus d'un an que tu es mort, nous laissant, les enfants et moi.

Te rappelles-tu ta demande en mariage ? Tu m'avais d'abord demandé ce que je comptais faire pendant les cinquante prochaines années.

Notre mariage n'a duré que dix ans. C'est court, bien trop court. En te perdant, toi, mon époux, mon amoureux, mon héros, j'ai perdu mon meilleur ami, celui à qui je pouvais presque tout dire, avec qui je pouvais être pleinement moi-même.

Lorsque je veillais ton agonie, dans une grande lucidité je me disais : « Profites-en, un jour tu donneras cher pour être là, à le contempler. » Ce jour est arrivé. Aujourd'hui, je donnerais cher pour te voir de mes yeux de chair. L'absence est physique. Je voudrais te voir, te sentir, te toucher et je ne le peux pas. C'est difficile. C'est cruel.

À ton école, je vais, ce soir, regarder le verre à moitié plein. Dix ans, c'est peu, mais c'est déjà beaucoup. Et, pour tout t'avouer, quand bien même cela n'aurait duré qu'un jour, je l'aurais tentée cette histoire, notre histoire.

Nous avons été heureux ensemble. Foncièrement. Pleinement. Paisiblement. Toi et moi, nous avons vécu notre amour comme une évidence. Tous les deux sur ton scooter, défiant l'humanité de notre bonheur insolent, tous les deux dans notre maison de poupée de notre petite banlieue, tous les deux au Gabon, tous les deux dans la maladie, chemin de croix et chemin de foi.

Tous les deux mais aussi tous les six avec nos quatre enfants.

Ce soir, comme à l'accoutumée, ils ont embrassé leurs photos de toi, et t'ont souhaité bonsoir. Nous nous sommes serrés les uns contre les autres, avec l'énergie et la gaieté que tu sais, et nous t'avons laissé « ta place » pour crier avec nous notre hymne familial. J'imagine ton regard pétillant, si heureux et si fier d'eux. Quand les enfants te réclament, je leur dis ta joie et ta fierté. Cela les réconforte et leur donne des ailes.

Au soir de ta mort, je leur ai promis que nous continuerions à être heureux. Nous le sommes aujourd'hui, malgré ton absence, malgré les difficultés. Nous essayons de mettre nos pas dans les tiens, forts de ta confiance et de ton sourire, et forts de ton intercession.

Nous vivons ton absence. Mais nous vivons aussi ta présence. Certains jours, j'en ai été enveloppée. J'ai ressenti profondément que tu nous disais « je suis là, je suis là ». Et tu nous encourageais à… continuer.

Notre vie ne dure qu'un instant tant elle passe vite. Mais les instants de ton agonie et de ta mort ont valeur d'éternité. Ils m'ont façonnée, créée. Je ne sors pas de ton agonie insoutenable et belle, de cette mort, telle que j'y suis entrée. Bien sûr, j'aurais tant aimé que tu sois épargné par cette maladie, mais je ne regrette pas d'avoir vécu ces instants comme je les ai vécus. Car j'ai vécu ta mort comme les naissances de nos enfants. Il nous a fallu tout abandonner dans la confiance. Ta naissance au ciel fut douloureuse mais pas seulement. Elle fut remplie de la présence de Dieu. Je me réjouis qu'à présent tu contemples et chantes, avec les saints et les anges, la gloire de Dieu.

Ce soir, je voudrais te dire que je suis heureuse et fière d'avoir été ta femme et la mère de tes enfants.

Certes, j'aurais aimé que notre histoire dure plus longtemps. Mais notre histoire continue par-delà les cieux. Et notre histoire sauve le monde. Par le Christ. Avec le Christ. Et en Lui.

Alors, « on » continue.

I

« Si je ne peux plus marcher ? Eh bien, je courrai ! »

« Qui n'a pas vu la route à l'aube, entre ses deux rangées d'arbres, toute fraîche, toute vivante, ne sait pas ce que c'est que l'espérance. »

Georges Bernanos, *Monsieur Ouine*

La maladie entre en scène

Il est environ 15 heures ce samedi d'octobre 2009. Un grand soleil inonde le salon. Léonard, souvent surnommé Léo, mon mari, vient vers moi et, en riant, dit ressentir une gêne en descendant l'escalier. Il éprouve aussi des sortes de crampes ou de fourmillements dans un bras. Ah ? Des crampes, des fourmillements ? Ni lui ni moi ne prenons la chose au sérieux. Il n'est jamais malade. Insubmersible. Il est de roc. Il est mon roc. Cela passera. Il faut dire qu'avec nos quatre enfants, trois filles – dont l'aînée n'a pas encore fêté ses cinq ans et demi – et un garçon âgé de seulement dix mois, nous les parents, n'avons pas le temps d'être malades !

Pourtant, dès le lendemain de cet épisode, Léonard est cloué au lit par une angine. Rien de grave, mais cela lui vaut une visite chez le généraliste avec qui, incidemment, en repartant, sur le seuil de la porte, il évoque cette fragilité dans la marche et ces fourmillements. Le médecin prend la chose au sérieux. Rendez-vous sont pris chez un neurologue ainsi que chez un angiologue pour le début du mois de janvier 2010. Les symptômes de gêne à la marche persistent durant cet automne 2009 mais nous ne nous inquiétons pas. Cela passera !

Mais non, cela ne passe pas. Je comprends assez vite que ce qui lui arrive n'est pas à prendre à la légère.

Un soir de décembre, quelques jours avant Noël, nous partons tous les deux en grande tenue au gala annuel de la société de Léonard. Ambiance festive. Belle réception. Champagne et meilleurs vins coulent à flot. Léonard est heureux. Mais deux heures après notre arrivée, il commence à bafouiller, à prononcer des paroles incohérentes voire un peu stupides. Je m'étonne : « Ça va ? Tu as trop bu ? » Léonard, toujours le premier à trinquer et le dernier à partir, a la réputation d'une résistance à l'alcool à toute épreuve. Je lui propose de rentrer. Il acquiesce mais ne me suit pas. Je reviens vers lui : « Alors, tu viens ? » Il m'explique que sa jambe ne lui obéit pas. Il n'arrive pas à avancer. Il s'en montre surpris et un peu amusé comme d'une nouvelle expérience dont il serait le cobaye. Nous attendons un peu et finissons par sortir dehors à pas de fourmi. Il neige. Il est plus de minuit. Le froid nous saisit. Ma tenue n'est pas vraiment adaptée : talons hauts, robe du soir. Prendre le RER n'est pas envisageable étant donné l'état de Léonard. Nous tentons de héler un taxi. Pas un de disponible. Léonard avance très lentement, paralysé par le froid et par ce mal insidieux, cette jambe qui refuse de le porter. Je ne l'ai jamais vu ainsi. Sa jambe se dérobe sous son poids. Il fait une première chute. Sa tête heurte lourdement le trottoir. Il est blessé. Il saigne et a un joli coquard. Je le soigne comme je peux, lui propose de rester assis sur le caniveau et je cherche un taxi. En vain. J'aide Léonard à se relever et nous cherchons une station. Deuxième chute. Heureusement il y a moins de mal. Mais Léonard clopine difficilement. Troisième chute que je retiens *in extremis*. Il est environ une heure du matin et Léonard, sans en avoir conscience, vient de commencer son chemin de croix, chemin de foi qui le mènera jusqu'au Père. Nous arrivons à la station. Mauvaise surprise : dix personnes au moins nous devancent. Je m'approche des premières, deux jeunes femmes à qui j'expose brièvement l'état de mon mari, acceptent de nous laisser passer. Enfin un taxi arrive. Nous rêvons de rentrer, d'être au chaud, et d'oublier cette soirée. Mais il nous faut encore attendre. Le chauffeur refuse de nous emmener. Les deux femmes s'engouffrent alors dans son taxi. Avec moult ironie devant ce qu'il pense être un état d'ébriété, le deuxième client de la file d'attente nous renvoie derrière, au bout de la queue et nous suggère d'appeler une ambulance.

Il est bien trois heures du matin lorsque nous arrivons chez nous, épuisés. Songeuse, je ramène la baby-sitter. Léonard dort déjà lorsque je me couche. « Que se passe-t-il avec ses jambes ? »

Après quelques heures de sommeil, la paralysie s'est effacée, la soirée n'est plus qu'un souvenir dont on rigole. Mais Léonard comme moi savons désormais qu'il a un vrai problème de santé. Sa belle bosse au front en témoigne. Et la gêne lorsqu'il marche est toujours là.

Elle se transforme peu à peu en boiterie légère. Cela ne l'empêche pas de continuer à travailler comme si de rien n'était et d'aller skier en février. Après trois années au Gabon, Léonard est particulièrement heureux de retrouver ses chères Alpes et d'initier ses deux aînées à la joie de la glisse. À ski, il tente de descendre des petites pistes avec l'une ou l'autre de nos filles entre les jambes. L'exercice se révèle pénible et périlleux à cause de cette jambe gauche qui se dérobe. Les filles ne sont guère convaincues par ce sport. La luge remporte plus de suffrages et Léonard n'est pas le dernier à dévaler les pentes.

Les mois du début de l'année 2010 s'égrènent au rythme de rendez-vous médicaux. Naturellement nous parlons à nos proches de ces soucis de santé, sans nous appesantir. L'angiologue ne décèle rien d'anormal. La neurologue procède à un examen clinique et enquête. Léonard passe une IRM et un scanner, multiplie les analyses de sang qui ne révèlent rien. Tout cela prend du temps. À Pâques, Léonard est l'objet d'une ponction lombaire. Nausées, vomissements et maux de crâne terribles lui en laissent un souvenir cuisant. Cette ponction ne montre rien d'anormal non plus. Nous ne nous alarmons pas mais commençons à souhaiter trouver quelque chose qui expliquerait sa claudication ainsi que les tressautements qui commencent à assaillir sa jambe sans qu'il puisse les contrôler.

La neurologue oriente Léonard vers la Pitié-Salpêtrière, le diagnostic évoquant pour elle une maladie neurodégénérative qui dépasse sa compétence. Les résultats de l'électromyogramme, appareil qui mesure les courants électriques musculaires, ont montré quelque chose d'anormal. Nous sommes presque contents. Enfin, nous allons savoir. Nous ne sommes pas vraiment inquiets mais l'attente d'un diagnostic est sournoise et pénible.

Nous nous rendons assez sereinement, le 1er juillet 2010, à la Pitié-Salpêtrière. L'hôpital est immense. Une ville dans la ville. Nous nous y perdons un peu et finissons par atterrir au bâtiment Paul-Castaigne, dans le département neurologie. Nous ne nous attendons à rien. Nous ne connaissons rien à la neurologie. Certes, Léo traîne la jambe mais il n'a nul besoin d'une canne pour marcher.

La neurologue que nous rencontrons a déjà un dossier épais recensant tous les examens faits depuis six mois. Elle examine les jambes et les bras de Léonard, contrôle sa force musculaire, évalue sa résistance sur la flexion d'une articulation, le regarde marcher sur une ligne, teste son équilibre sur une jambe, puis sur l'autre. Les mouvements non contrôlés de la jambe de Léonard, comme des tremblements, sont le signe d'une « spasticité ». Ce n'est pas douloureux ni, à ce stade, vraiment gênant. C'est juste étonnant, bizarre même, de voir cette jambe bouger ainsi sans raison. L'examen clinique met en évidence des signes d'atteinte du motoneurone périphérique. Le diagnostic tombe. La neurologue nous annonce que Léonard est atteint d'une « forme atypique de Sclérose latérale amyotrophique (SLA) de forme spinale ».

La SLA est une maladie neurodégénérative qui entraîne peu à peu la paralysie des muscles. Cette maladie au nom barbare est communément appelée « maladie de Charcot ». Cela ne nous dit rien non plus. L'*Ice Bucket Challenge*[1]

---

1. Le SLA *Ice Bucket Challenge* est un exploit dont le but est de médiatiser la lutte contre la SLA, et de collecter des fonds contre cette maladie. Littéralement, le « défi du seau d'eau glacée pour la SLA » repose sur le principe du défi en chaîne. Dans ce cas, le geste à poser consiste à se renverser ou

ne révélera la maladie au grand public qu'à l'été 2014. Et encore !

À ce jour, même si cela n'est pas perceptible de prime abord, seuls les bras et les jambes sont atteints. C'est ce que signifie la forme dite spinale. En revanche, Léonard n'a aucun symptôme au niveau du bulbe rachidien, c'est pourquoi sa SLA n'est pas (encore) de forme bulbaire. Les fonctions essentielles de respiration et de déglutition, ainsi que le langage, sont intactes. Puisqu'il n'est pas concerné par cette forme-là, nous ne nous y attardons pas. Nous nous concentrons sur le présent. Nous n'avons pas souvenir que le médecin ait parlé de pronostic vital lors de ce premier rendez-vous. L'avons-nous occulté ? Avons-nous plongé immédiatement dans une forme de déni ? La neurologue prescrit un médicament contre la spasticité ainsi que la molécule du Riluzole, seul médicament ayant eu quelque très modeste efficacité sur quelques patients atteints de SLA. Elle nous en dépeint les effets bénéfiques et indésirables, aussi minimes les uns que les autres. Elle prescrit aussi de la vitamine, des capsules d'un vert transparent que Léonard reconnaît dans les auges des chevaux du poney-club où sont allés un jour les

---

se faire renverser un seau d'eau glacée sur la tête. Lorsqu'une personne, mise au défi, le relève avec succès, elle doit inviter un maximum de trois de ses connaissances à en faire autant dans les 24 heures. Qu'elle se prête au jeu ou qu'elle déclare forfait, la personne nominée est invitée à faire un don à l'association caritative qui aide les patients atteints de SLA et finance la recherche sur les maladies du motoneurone. En 2014, les réseaux sociaux et les médias s'enflamment et passent en boucle les images de célébrités variées recevant ce seau d'eau glacée. Défi réussi puisqu'il a alors permis de lever plus de 100 millions de dollars américains de fonds pour l'association américaine contre 2,8 millions de dollars l'année précédant cette médiatisation.

enfants. « On me donne un remède de cheval ! » s'esclaffe-t-il alors, toujours apte à voir le burlesque dans la vie. Huit mois seulement se sont écoulés entre l'apparition des premiers symptômes et le diagnostic avec prescription du Riluzole. Chez d'autres patients cette phase peut être beaucoup plus longue, tant il est difficile de diagnostiquer la SLA. Lors de ce premier rendez-vous, nous posons quelques questions, qui restent parfois sans réponse, notamment sur l'origine de la maladie. Les médecins sont démunis. Ils pensent à une conjonction de facteurs.

Nous encaissons : Léonard est malade. Il est atteint de SLA. Je me répète ces initiales afin de ne pas les oublier. Dans un premier temps, je renonce à retenir le nom de Sclérose latérale amyotrophique. Trop compliqué. Je retiens « maladie de Charcot ». Ce que nous décodons réellement est que, dans certains cas, la maladie cesse d'évoluer, sans que les médecins puissent l'expliquer. Cela est vrai à n'importe quel stade. Cette réalité sera notre espoir.

Nous quittons l'hôpital en ayant l'impression, à présent, de savoir. Un nom a été posé sur ce mal. En fait, nous ne savons pas grand-chose. Heureusement.

J'ai d'abord pensé, à tort, que les médecins faisaient exprès de ne pas tout dire, qu'ils devaient avoir un protocole pour annoncer ce genre de maladie. Mais heureusement que la neurologue ne nous a pas décrit tous les symptômes et toutes les évolutions possibles, quand Léonard n'en éprouvait encore que quelques-uns. J'ai réalisé, depuis, que les médecins répondent aux questions posées sans mentir, dans la limite de leurs connaissances. Ils ne vont pas au-delà des questions. Ils respectent le fait que le processus d'information soit plus ou moins long selon les patients. Au moment du diagnostic, certaines personnes ont besoin de tout savoir pour mieux se préparer, pour mieux affronter la maladie et lutter. Ils tournent en vain dans leur tête cette question épuisante : « Combien de temps me reste-t-il ? » D'autres taisent leur maladie et s'isolent pour mieux s'approprier cette réalité devenue terrible. Je comprends bien ces réactions de survie mais il me semble que Léonard et moi n'entrons pas dans ces cas de figure. Peut-être est-ce de la naïveté ou du déni, mais nous ne voulons pas tout connaître de cette maladie tant qu'il y a un espoir, même ténu, même de 10 %. Notre bon sens, notre logique, nous invitent à nous préserver, à garder nos forces pour demain, pour après-demain, à ne pas nous inquiéter à tort. Nous en aurons besoin. Si Léonard ne souffre pas aujourd'hui de troubles de la déglutition ou de la parole, pourquoi nous en inquiéter ? Nous voulons nous en tenir à cette réalité, à cet espoir de faire partie de ces 10 % de patients pour qui, à n'importe quel stade, la maladie cesse d'évoluer, comme pour le physicien Stephan Hawking. Nous tenterons d'envisager les problèmes étape par étape. La difficulté est de ne pas rater le bon moment. Qu'il ne soit ni trop tard ni trop tôt. Évidemment, il importe de prévenir au mieux les effets de la maladie pour chercher à les ralentir. Pour cela, il est essentiel d'être au courant. Ainsi, la neurologue demande à Léonard d'éviter toute fatigue.

Depuis l'annonce du diagnostic de SLA, nous répétons régulièrement, comme un leitmotiv, une phrase rapportée par un ami avec un accent anglais non dénué de charme : « J'ai beaucoup souffert de maux qui ne me sont jamais arrivés. »

Il nous faut vivre au présent. Définitivement. Irrémédiablement.

Avant : une histoire sans histoires ?

Je ne croyais pas au prince charmant mais j'ai longtemps cherché Léonard. Trouver quelqu'un qui m'accepte avec mon impatience et mes fragilités, dont les défauts soient compatibles avec les miens, quelqu'un avec qui je sois d'accord sur l'essentiel, essentiel à définir ensemble, vrai challenge ! J'ai vingt-huit ans et lui quasi trente lorsque nous nous rencontrons, lors d'une université d'été. Il y atterrit un peu par hasard, amené par un ami. Pour une fois, il n'était pas parti en mission pour son travail. Il avait un peu de temps libre. C'était à la fin du mois d'août 2002. Au programme de la semaine : interventions variées le matin sur des thèmes philosophiques et politiques, sport et détente l'après-midi. Un équilibre qui nous convient bien.

Notre point commun le moins glorieux, c'est la cigarette. Je ne sais pas si nous nous serions rencontrés sans cela. Nous étions une centaine de personnes, tous jeunes professionnels ou à peu près. Pendant les pauses, nous nous retrouvons dans le coin des fumeurs. Léo se fait taxer des paquets entiers avec un détachement inouï et un sourire désarmant. J'en suis touchée. Déjà un peu conquise.

Il a un sourire énigmatique, pas du tout du genre dragueur. Il n'est pas extrêmement bavard, plutôt réservé, sans être timide. Nous nous retrouvons assez vite piliers de bar, à jouer au flipper. Son tempérament joueur et serein est manifestement bien ancré.

L'un de ses amis m'a raconté sa rencontre avec Léo à la fin des années 1990 :

La première fois que je l'ai vu, Léonard était debout sur la table et dansait. Nous étions à la montagne, à La Clusaz, en plein hiver, et pourtant il portait un blaser. Son fait d'armes ce soir-là, fut de jouer à Tarzan avec le lustre de la salle de restaurant...

Mais qui était ce type un peu fou en blaser ? Léonard et moi sommes devenus amis. Nous sommes partis en Thaïlande en 2000. Un jour, en sortant de notre hôtel, un vieil homme arrosait avec un jet d'eau ses plantes. Quand il nous a vus, il s'est mis à nous arroser ! On s'est dit « il est joueur le vieux ! » C'était le nouvel an et l'on a vite découvert que la tradition locale voulait que l'on s'asperge d'eau et de farine. Léonard s'est pris au jeu, bien sûr, et je le vois encore, entièrement trempé, tenant un pistolet à eau, bras dessus bras dessous avec un policier dont il portait la casquette.

J'ai pris l'habitude de dire que Léonard est un génie, car il m'a toujours surpris par sa simplicité, son humour, sa générosité, sa sérénité.

Il a toujours gardé cette sérénité qui lui était propre. Lors de ce voyage entre amis, nous avons pris un bateau, une espèce d'arche de Noé en bois. Aux étages inférieurs se trouvaient des marchandises, et derrière la cabine de pilotage, un espace bas de plafond où une trentaine de personnes allaient passer la nuit et la traversée pour arriver à Kho Samoui. Léonard s'est allongé, a posé sa tête sur son sac à dos et s'est endormi.

Pendant ce temps, je regardais l'unique bouée qui équipait l'espace. Une seule bouée pour trente personnes... et Léonard dormait, serein.

Ce témoignage amical est très révélateur de la sérénité à toute épreuve qui habite Léonard depuis toujours. Il conserve sa bonne humeur et sa confiance par tous les temps et dans toutes les situations. Jeune adulte, il part, imprudemment, avec des amis, faire une journée de randonnée en montagne. Ils sont surpris par un énorme orage. Léonard trempé, moins résistant à l'humidité qu'au froid sec, est proche de la crise d'hypothermie. Il est secouru par un guide qui lui fait la leçon : « Pas besoin d'avoir fait d'aussi brillantes études pour être aussi con ! » Léonard réchauffé et ragaillardi en rit beaucoup et accepte la leçon de bon cœur. Avec lui, tout est souvent prétexte à plaisanter.

Léo a la faculté d'accepter les gens comme ils sont et les choses comme elles viennent, avec confiance. Il voit toujours le verre à moitié plein. Jamais il ne dit du mal de ses proches. La réciproque est sûrement vraie. Léo a la particularité de ne pas se perdre en jugement, conflit ou critique sur les uns ou les autres. Il supporte très mal la bêtise mais ne la souligne pas chez les gens.

Fidèle amateur d'Audiard, il est capable de réciter de mémoire à peu près l'intégralité des *Tontons flingueurs*.

Contrairement à ce que proclame l'une des célèbres répliques du film : « J'parle pas aux cons, ça les instruit », il parle à chacun, accessible à tous sans pour autant paraître « bisounours ». Ses frères et sœurs m'ont confié aussi ne l'avoir jamais vu s'énerver.

Je demande à Léo deux adjectifs qu'il emploierait pour qualifier l'enfant qu'il a été, il me répond sans hésiter « heureux » puis « calme ». C'est tout lui. Heureux et calme. Toujours détendu, il n'exprime jamais une peur quelconque car je crois qu'il n'a pas peur de grand-chose. Lorsqu'il ouvre la bouche, c'est le plus souvent pour dire quelque chose de drôle, d'un humour fin.

Léonard n'a jamais été très sportif. Il l'aurait probablement été s'il s'était vraiment essayé à un sport car, comme il l'explique très bien, il a un « bon rapport poids muscle ! » du haut de son mètre quatre-vingt-cinq et de ses soixante-cinq kilos. Mais hormis un peu de squash, il n'est pas très motivé par le sport, cela l'ennuie. Il y a tout de même quelque chose qu'il aimait faire, c'est « le drapeau ». Avec la force de ses bras il s'agrippait à un poteau et mettait tout son corps à la perpendiculaire de cette ligne verticale, comme un drapeau. Cela m'épatait absolument !

La nature a doté Léonard d'une beauté virile, mélange de force et de finesse. Léonard est bel homme, grand et mince, les épaules carrées, d'une élégance naturelle, peu recherchée, mais souvent enviée. Étudiant, il se prête de bonne grâce, à jouer le mannequin pour un défilé de mode de son école, ou à être élu « Z », l'équivalent du délégué de classe. Il prend cela comme une bonne farce. Son regard noisette, pénétrant et fidèle, attire la sympathie. Il ne s'en rend pas compte. C'est son caractère. C'est ainsi. Il ne cherche pas le pourquoi du comment. C'est aussi ce qui fait son charme. Léonard danse sur les tables lors de soirées entre amis ou présente son nourrisson, tenu fièrement d'une seule main montée vers le ciel, avec le même détachement fier.

Un jour, durant cette université d'été où nous nous sommes rencontrés, Léonard attrape balai et serpillière et nettoie la grande salle. Toujours souriant. Toujours si simple. Cela m'a beaucoup plu qu'il sache conjuguer débat philosophique, défi au flipper et pratique des tâches ménagères, qu'il soit incarné, concret. J'ai réalisé très vite qu'il était différent des autres. Un être foncièrement libre. Je l'ai très vite admiré. Et de l'admiration à l'amour, il n'y a parfois qu'un pas, vite franchi.

Nous savons bien que nous nous reverrons rapidement après cette semaine-là. Je guetterai le bruit de son scooter. D'abord lointain. Il s'arrête devant chez moi. Il accroche la chaîne. Mon cœur bondit. C'est lui. Mon bien-aimé. Il est devenu mon héros.

Si Léonard est assez joueur de nature, il ne joue pas avec l'amour. À présent qu'il l'a rencontré avec moi, il le prend au sérieux et le bichonne. Parfois, il me téléphone et me chante :

Moi je t'offrirai
Des perles de pluie
Venues de pays
Où il ne pleut pas.

Je creuserai la terre
Jusqu'après ma mort
Pour couvrir ton corps
D'or et de lumière.

Je ferai un domaine
Où l'amour sera roi
Où l'amour sera loi
Où tu seras reine.

Ne me quitte pas…

Il chante Brel et tout un répertoire de chansons d'amour en les accompagnant au piano. Je suis sous le charme !

Depuis tout petit, Léo joue du violoncelle, mais jeune professionnel il s'est mis au piano, en autodidacte, sans pour autant arrêter de jouer du violoncelle, qui reste « son » instrument.

Moi, l'élue de son cœur, j'aime énormément écouter Léo et le regarder jouer du violoncelle ! Tant de dextérité, d'habileté, de rapidité, de maîtrise de la technique, et tant de beauté bien sûr, me fascine. Ses mains qui créent tant de beauté. Le violoncelle m'a toujours attirée. D'ailleurs, j'ai dit à Léonard que j'avais péremptoirement (ou prémonitoirement ?) déclaré à vingt ans : « Je ferai ma vie avec quelqu'un qui jouera du violoncelle et qui fera de la moto ! » Parfois, Léo met l'un de ses nombreux CD de musique classique, tout en lisant la partition papier. Là encore, je suis fascinée, moi qui ne sais pas déchiffrer.

Grâce à Léo, je découvre les suites de Bach ainsi que Haydn. Léonard a tant joué son Concerto pour violoncelle que j'ai un faible pour ce morceau.

Un autre aspect de la personnalité de Léonard me séduit : son aisance avec les enfants, du nourrisson jusqu'à l'adolescent. Avec ses neveux comme avec les miens, Léonard est à l'écoute, présent, attentif, joueur. Un jour il me déclare : « Je sais que je suis fait pour être père et le père de tes enfants. »

Je suis décidément sous le charme. Non, plus que cela. Je l'aime et je veux l'aimer.

Désormais la vie se combine à deux ; nous nous marions assez vite après notre rencontre, au début de l'été 2003. La fête est féerique, avec beaucoup d'amis, de famille, énormément d'enfants, de jeux, de ballons multicolores, un théâtre de marionnettes. Nous sommes heureux.

Nous quittons Paris et achetons une « maison de poupée » en banlieue à la naissance de notre aînée Mayalène en 2004. Ce n'est pas très grand mais il y a un jardin. Nous aimons être au calme, retrouver le rythme des saisons plus perceptible qu'à Paris. Nous y vivons très heureux pendant dix-huit mois. Je continue à enseigner l'histoire-géographie dans un collège, métier qui me plaît. Seul point noir au tableau : Léonard part souvent en mission, me laissant seule, parfois de longues semaines, avec notre première fille, encore bébé. La société qui l'emploie lui propose de partir au Gabon comme expatrié.

Nous attendons la naissance de notre deuxième enfant, une fille appelée Gaétane, qui naît en septembre 2005, et nous partons donc pour la grande aventure de l'Afrique noire, nos deux fillettes sous le bras, l'une âgée de dix-huit mois et l'autre de six semaines.

Au Gabon, à Port-Gentil, nous passons trois belles années. Pas de problème de santé, d'argent, d'école, de travail, de couple. Nous nous lions d'amitié avec quelques expatriés qui deviennent notre famille. Notre vie matérielle est facile à beaucoup d'égards. Nous avons la chance d'avoir d'abord deux, puis une troisième, belles et pétillantes petites filles. Nous nous sentons les rois du monde. Nous faisons rêver les Parisiens en racontant les virées en bateau, les balades en 4×4, l'immense maison, un temps familial privilégié, le soleil, les pique-niques sur la plage. Ici, peu de grisaille, pas de métro et Léonard qui, comme toujours incarne la « zénitude ». L'une de ses collègues le décrit ainsi : *« J'ai connu Léonard dans le cadre du travail, au Gabon. C'était quelqu'un de toujours posé, calme et d'une extrême gentillesse, toujours souriant. J'en garde aussi le souvenir d'un joyeux fêtard, plein d'humour, et qui ne ratait jamais une occasion de rire un bon coup ! »*

Léo dirige les projets de la filiale gabonaise de sa société pétrolière. Il travaille beaucoup, y compris certains week-ends, ne s'inquiète pas, et s'épanouit dans ce métier. Au quotidien, l'aventure pour lui consiste à finaliser des montagnes de projets en tout genre – souvent des installations d'infrastructures *on shore* ou *off shore*[1], comme du *pipeline*,

1. À terre ou en mer.

des tripodes (plates-formes) ou encore une piste d'hélicoptère sur un bateau – tout en respectant les délais, les coûts, les normes de sécurité, la lenteur administrative ou le manque de techniciens parfois.

Léonard a toujours aimé la réalité du terrain, l'autonomie dont il dispose. Il est aussi à l'aise dans son bureau à réaliser des calculs de portance que sur le terrain, en bleu de travail, au milieu des ouvriers. Travailler avec des personnes de tous styles, rencontrer inopinément une panthère ou un éléphant, dormir dans un conteneur en brousse ou sur une plate-forme en mer, prendre l'hélicoptère presque aussi souvent que nous prenons le métro, faire de grandes enjambées pour monter dans le Zodiac ou le panier qui le hisse en haut d'une plate-forme, tout ceci ne le perturbe en rien et lui plaît beaucoup.

Avant sa maladie, Léonard marquait déjà les esprits par son humour comme par sa sérénité.

En mai 2006, nous partons en 4×4 avec les enfants, au sud de la presqu'île de Port-Gentil. Après quelques méandres, nous finissons par trouver la bonne piste. Nous traversons savane arborée et savane inondée, avant d'arriver devant l'océan et la lagune puis de traverser mangrove et petite jungle. Nous nous sentons l'âme d'aventuriers à la Indiana Jones en franchissant tour à tour – sur un air de publicité pour Hollywood chewing-gum – ces gigantesques flaques d'eau, puis des pistes hypersableuses, ou encore en passant sur le pont en tôle dans la jungle. Mais vers 15 h 45, les apprentis aventuriers que nous sommes en mènent beaucoup moins large lorsque nous nous embourbons à l'orée de la jungle dans un marécage. Les essieux reposent sur le fond. Marche avant, marche arrière, deux roues, quatre roues motrices, rien n'y fait. Courageusement, mon Indiana Jones bondit dehors, de l'eau boueuse jusqu'aux genoux, encouragé par sa belle et par Mayalène qui lance des SOS au klaxon. Mais rien ni personne. Notre héros, dédaignant la colonie de fourmis rouges qui lui dévore les jambes, part à la recherche de planches salutaires. Pendant ce temps, je donne le biberon à Gaétane qui est affamée et hurle, tout en guettant d'hypothétiques et incertains crocodiles dans les mares qui encerclent le 4×4. Armé de son frisbee pour déblayer les roues, Léonard, très maître de lui, sort le cric, dégonfle les pneus, pose ses planches. Marche avant, marche arrière, deux roues, quatre roues motrices, rien. Ni personne. 17 heures. 17 h 30. Dans une demi-heure, la nuit tombera, accompagnée des essaims de moustiques porteurs de paludisme. Léonard me divertit avec ses blagues mais soudain, entendant un bruit de voiture, il laisse tout de côté et court à la rencontre de gens du cru qui viennent à notre rescousse. Bénis soient-ils !

De même lorsque, en juillet 2007, nous sommes perdus dans la jungle gabonaise, loin de Port-Gentil, à une demi-heure de la tombée de la nuit alors que je suis enceinte de six mois de notre troisième enfant, Léo est encore le seul à rester calme et détendu, prenant la chose avec humour.

Au début du mois de décembre 2007, toujours au Gabon, nous partons sur le *Champagne*, petit voilier que nous partageons avec des amis. Nous n'allons pas loin, juste sur l'autre rive pour y camper avec nos enfants. Nous naviguons de concert avec deux autres familles pour partager la petite aventure. Très fiers, Léo et moi narguons nos amis avec une tente dite «tropicale» que nous étrennons. Malheureusement un orage éclate, le vent se déchaîne, il pleut beaucoup dans la tente. Léonard et moi, debout, faisons rempart de nos corps pour que la tente ne s'envole pas. Nous sommes trempés jusqu'aux os. Nous mettons à l'abri au milieu de la tente, seul endroit épargné par les eaux, notre dernière-née âgée de deux mois et ses sœurs, prises dans le tapis de sol que le vent fait s'enrouler sur lui-même. Toutes les trois dorment du sommeil du juste... Tout comme nos amis bien à l'abri dans leurs petites tentes igloo offrant peu de prise au vent.

Léonard rit.
Enfin, la tempête s'apaise.
Au matin, les bateaux ont disparu, échoués plus loin.
Et Léonard rit encore plus fort.

Certains le définissent comme un peu flegmatique bien que chaleureux. En fait, il n'est ni impassible ni imperturbable mais d'une sérénité à toute épreuve. Avec lui, tout est facile, je sais que lorsqu'il décide d'agir, il réussit ce qu'il entreprend, telle est ma confiance en lui, en la vie. Et telle est celle qu'il a en lui. Sa confiance et son optimisme sont fascinants. On pourrait croire que Léo frise l'inconscience mais sa confiance comme sa débrouillardise sont toujours récompensées: il s'en sort toujours.

Jusqu'à la SLA...

Les escapades à Port-Gentil ne sont pourtant pas fréquentes. La presqu'île est très enclavée. La plupart du temps, le week-end nous avons le choix entre plage ou plage. Côté océan ou côté lagune. Nous retrouvons souvent des familles amies avec qui nous pouvons partager barbecues et jeux. De temps en temps, Léonard, en apprenti marin, fait une régate avec quelques-uns. Il se débrouille je ne sais comment pour tomber à l'eau, une bière à la main. Il s'amuse beaucoup aussi à participer à un rallye auto qu'il gagne avec quelques compères.

Durant ces trois années, Léonard est très présent auprès de ses filles qu'il appelle « mes boulettes ». Peu rancunières, elles lui donnent en retour des « papa d'amour » ou « mon cœur » et guettent son retour du travail. Léonard est un papa moderne, sachant s'occuper des enfants au quotidien, des repas jusqu'aux changes. Il joue beaucoup avec elles. Leurs prédispositions naturelles pour grimper, courir, sauter le plus haut et le plus loin possibles sont encouragées par Léo qui n'a peur de rien, et certainement pas de défier l'apesanteur. Il s'amuse à photographier nos bébés de façon insolite : sur son violoncelle, ou dans la brouette, ou encore dans le placard, ou enfin dans la poussette de poupée ou dans ses bottes de chantier.

Notre bonheur m'apparaît comme insolent. Je n'aurais jamais pensé être aussi heureuse avec quelqu'un. Ce quelqu'un, c'est lui. Je veux préserver ce bonheur. Tous les jours, ou presque, nous nous demandons en mariage. Chaque jour, Léonard m'émerveille un peu plus. Il est doux et fort. Si humble et si confiant. Si simple et tellement lui-même, tellement libre.

Il a parfois du mal à exprimer ses émotions, à voir ce qui me rendrait service dans un quotidien bien chargé, ou encore à prévoir les choses à l'avance. Il arrive qu'il se mette à jouer du violoncelle quand j'aimerais qu'il m'aide. Comme je suis sensible aux services rendus, cela peut m'agacer mais maintenant que Léo est entré dans la Vie éternelle, je regrette de ne pas l'avoir davantage encouragé à jouer du violoncelle.

Les journées passent vite, le temps file. Je m'étais beaucoup investie et épanouie dans mon travail d'enseignante, en France. Au Gabon, Léonard ne me pousse ni à reprendre ce travail d'enseignante, ni à l'abandonner provisoirement. Il souhaite que je fasse ce que je désire, profondément, puisque nous avons la chance de pouvoir vivre avec son salaire.

Après avoir hésité, je renonce à accepter un poste d'enseignante en histoire-géographie, auquel je peux prétendre en temps que professeur certifié. Je veux voir nos enfants grandir, prendre le temps, ne pas avoir à répéter cette phrase honnie : « Dépêche-toi ! » Je donne quelques cours d'histoire, de géographie, et même d'initiation aux sciences, comme bénévole, à des enfants en primaire mais à un rythme peu dense, qui me laisse du temps pour ma famille et pour moi. Je suis bien consciente d'être privilégiée de pouvoir faire ce choix. Le rythme gabonais influe sur moi. Avec le recul, je mesure la chance que j'ai eue de pouvoir profiter de ma vie de famille quand mon mari était valide. Peut-être même que ce temps privilégié, cette disponibilité nous a permis de nous unir plus étroitement et de nous armer pour affronter la maladie.

Certains jours, l'enclavement, le microcosme, la distance avec la France, les mauvaises liaisons Internet, les coupures d'eau ou de téléphone, les moustiques voraces, la chaleur moite, les enlisements peuvent peser. Il arrive que nous rêvions de balades dans la neige ou de feu dans la cheminée. Nous avons une façon simple et efficace de mesurer le degré d'hydrométrie : les flaques qui se remplissent ou au contraire s'évaporent. Il y en a beaucoup près de chez nous. Lorsqu'elles sont presque sèches, un bel orage se charge de les remplir à nouveau. Nous avons pensé à changer de voiture pour les franchir sans péril mais finalement nous avons dû déménager pour avoir des abords plus aisés. Rien de très grave. Globalement c'est l'époque de l'insouciance.

Nous sommes heureux. Une histoire d'amour sans histoires. Lui et moi. Lui plus moi.

De retour en France, au mois d'août 2008, sans gaieté de cœur au départ – l'Afrique noire parle aux sens et nous prend aux tripes – nous reprenons vite les habitudes françaises.

Mayalène a quatre ans, Gaétane presque trois, Clémence s'apprête à souffler sa première bougie et je suis enceinte de notre quatrième enfant, Calixte.

Nous revenons nous installer dans notre banlieue parisienne, celle d'avant le Gabon. Depuis notre mariage en

2003, c'est notre cinquième déménagement, un déménagement à chaque naissance ou à peu près.

Nous aimons aussi beaucoup vivre ici. Léonard aime musarder, toujours champion pour photographier un détail insolite, pour se laisser surprendre par le vol des oies sauvages ou par une neige rosée dans les brumes hivernales. Mayalène s'étonne de voir des femmes blanches avec des jambes noires, sans comprendre qu'il s'agit de collants ! Avec Gaétane, elle prend le chemin de l'école, s'installe dans cette nouvelle vie en oubliant le Gabon, dont elle ne conserve quasiment pas de souvenirs. J'en suis surprise et même déçue tant ces trois années ont compté pour nous.

Comme notre « maison de poupée » est occupée par des locataires et, qui plus est, est devenue trop petite puisque la famille s'est agrandie, nous louons une autre maison, toujours dans cette ville verte. C'est là que Léonard ressent les premiers symptômes de son mal.

Pendant ce temps où nous sommes locataires, nous élaborons les travaux d'agrandissement de la maison dont nous sommes propriétaires. Léo, qui a toujours rêvé de construire sa maison, lit les règlements urbanistiques de la mairie. Nous discutons des heures et des heures, papier et crayon à la main, retouchons sans cesse, prenant conseil pour optimiser les mètres carrés. Léonard informatise les plans. Il y prend beaucoup de plaisir. Et de fierté. Nous montrons aux proches de passage les documents pour glaner les meilleurs conseils. Les travaux débutent. Nous allons souvent sur le chantier. Nous sommes impatients de nous y installer. Enfin les travaux touchent à leur fin.

Tout heureux, nous emménageons, juste avant l'annonce du diagnostic, à la fin du mois de mai 2010 sans réaliser encore à quel point les nombreuses marches de la maison se transformeront en casse-tête au fil du temps.

Le voile se lève peu à peu

Au soir du diagnostic, le 1er juillet 2010, ni Léo ni moi-même ne prenons conscience que ce mal insidieux est associé à un « diagnostic vital réservé ». La SLA n'évoque rien. Nous n'allons pas regarder sur Internet, ne voulant pas voir les choses en noir et faisant le choix du présent. La réalité c'est que, aujourd'hui, Léonard boite et a une faiblesse dans un bras. Il ne peut plus vraiment courir mais peut encore marcher. Cela lui suffit. À moi aussi.

Dix jours après le diagnostic, nous accueillons chez nous les membres de nos familles, parents, frères et sœurs, cousins, pour pendre la crémaillère de notre maison nouvellement transformée, agrandie. L'ambiance est à la fête. Léonard se prête fièrement au jeu de guide pour faire la visite des lieux. Lorsque l'occasion s'en présente, nous disons la maladie qui n'est pas encore visible. Nous nommons la SLA, en sachant bien que les autres, eux, iront voir sur Internet. Nous ne cachons pas la maladie mais n'en faisons pas non plus une annonce officielle. Nous l'évoquons en petit comité. Autour de nous, à ce moment-là, au tout début de l'été 2010, personne ne semble connaître la SLA. Nous ne notons pas de réaction marquante de la part de nos proches qui ne se livrent pas à développer devant nous ce qu'ils ont pu lire sur cette maladie. Pas de réaction marquante non plus chez nos enfants à qui nous parlons de « maladie du motoneurone » :

– *C'est grave la maladie de papa ?*
– *Oui, bien sûr c'est grave. Tu aimerais, toi, ne plus pouvoir courir et boiter en marchant ?*
– *Non.*
– *Pour Papa, c'est pénible aussi. Mais tu sais, rien ne l'empêchera de t'aimer.*

Cette réponse leur suffit. Ils n'anticipent pas. Les enfants ne font pas très attention, dans un premier temps.

Nous qui avons peu à peu perdu l'esprit d'enfance, sommes toujours stupéfaits devant cette lucidité teintée d'une absence totale de projection dans le temps. Mayalène a juste six ans, Gaétane quasiment cinq, Clémence a presque trois ans et Calixte un an et demi, au moment du diagnostic. La réaction insouciante des enfants nous aide sans doute à faire de même. Ils vivent leur vie au présent. Nous tentons de faire pareil et ne voulons pas distiller l'inquiétude avec des maux qui peuvent ne jamais arriver puisqu'il y a ces 10 % de chance que cette maladie n'évolue pas.

La maladie n'est pas encore très visible dans notre vie, hormis le boitement de Léonard. Du coup nous ne l'écoutons pas trop, même si nous la savons présente.

J'admire Léo. Il est toujours heureux, souriant. Il continue à croquer la vie à pleines dents. Il avait été capitaine d'une équipe de ping-pong à l'École centrale de Paris. Il disait que c'était parce que les organisateurs n'avaient trouvé personne d'autre, ce qui n'était sans doute pas faux ! Nous jouons au ping-pong pendant ces vacances de l'été 2010 et je lui mets la pilée facilement ! Il en rigole, toujours charmé de se faire battre par sa femme.

Début août, nous passons une soirée avec des cousins en Bretagne. Léonard me refait le coup du gala de sa société. Il ne peut plus avancer et titube sans avoir bu. Sa jambe, une nouvelle fois, se dérobe complètement, comme s'il était ivre. Nous rentrons discrètement. Je lui donne le bras comme à un petit vieux. Il ne chute pas mais l'âme a pris un bleu. Je prends le volant et nous revenons bien songeurs. Qu'est-ce que cette maladie ?

Ces vacances sont stoppées par un coup de tonnerre. Au milieu du mois d'août, l'un de mes cousins, dont nous sommes très proches, fait une chute mortelle. Léonard et moi sommes particulièrement atteints. Depuis toujours, nous nous estimions beaucoup. Les liens s'étaient encore renforcés au fil des ans. Nous faisons l'aller-retour pour la Dordogne où a lieu l'enterrement. Je n'ai pas du tout pleuré à l'annonce du diagnostic de SLA mais là, je suis une véritable fontaine et ne cherche pas à le cacher. Ma peine est grande. J'aime mon cousin, j'aime sa femme. La peine de Léonard est moins visible – il ne pleure pas – mais n'en est pas moins réelle.

La mort d'un proche, surtout lorsqu'elle est soudaine et précoce nous rappelle notre condition de mortels. Plus que l'entrée dans la SLA, la mort de mon cousin nous projette vers notre propre mort. Nous ne savons ni le jour ni l'heure. Nous avons tous une épée de Damoclès au-dessus de nos têtes et sommes tous en sursis. Je ne le découvre pas ce jour-là mais la conviction, au fond de moi, qu'il y a ce quelque chose qui peut tout bouleverser, s'affine toujours plus.

Il s'agit déjà de vivre l'idée de la mort dans la paix.

La violence de la SLA, nous l'avons découverte par petites touches. Cela nous fut plus doux. À partir du moment où le diagnostic fut posé, le voile s'est levé peu à peu.

Tout d'abord, par le plus grand des hasards, en octobre 2010, nous visionnons un court-métrage sur une personne atteinte de SLA. Non dénué de poésie, ce film met en scène une patiente que cette maladie a rendue peu à peu prisonnière de son corps. Elle dit que la maladie lui a « tout pris ». En entendant cela, au fond de moi-même, je me remémore la promesse de notre engagement, le jour de notre mariage, de nous aimer fidèlement pour toujours : la maladie ne nous prendra pas notre amour. Non ! Puis, peu avant Noël 2010, Léonard achète le livre *Le Cerveau pour les nuls*. La SLA y est mentionnée. On lit que « le pronostic est grave : le décès survient après trois ans en moyenne, même s'il existe des formes beaucoup plus lentes ».

La réalité est brutale cette fois. Pour la première fois, nous voyons quelqu'un atteint de SLA à un stade avancé et nous voyons un chiffre : trois ans. C'est court. Si court ! Sur le coup, je regrette d'avoir visionné ce film et lu ces chiffres, brutaux.

Nous réalisons pour la première fois que la maladic pourrait aussi tout prendre à Léonard. Prendre sa vie.

Maintenant nous savons. Un peu. Un peu plus. Nous savons que cette maladie est terrible et l'issue très souvent fatale à court terme. Je tâche d'évacuer de mon esprit ces images. Léonard également. Il nous faut rester dans ce conditionnel : la maladie « pourrait » prendre sa vie à Léonard. Ce n'est pas la même chose que de se dire que la maladie « prendra » sa vie à Léonard. La forme spinale dont il est atteint peut évoluer beaucoup plus lentement.

Nous nous répétons encore la phrase de l'Anglais : « J'ai beaucoup souffert de maux qui ne me sont jamais arrivés. »

Et nous continuons à vivre. Vivre le présent.

En fait, il ne faut pas trop penser à demain…

Si l'on peut.

Renoncer ou accepter ?

Léonard se dessaisit avec le sourire. Le renoncement au violoncelle est le premier de ses actes d'abandon. Renoncement qu'il fait sans regret affiché, avec le détachement qui est le sien. En une seconde, il accepte en souriant de ne plus pouvoir jouer quand ses doigts n'ont plus la rapidité et l'agilité nécessaires. Il n'y revient plus mais il aide Mayalène, notre fille aînée, de temps à autre lorsqu'elle aussi s'initie à cet instrument. Aujourd'hui, ce n'est pas sans émotion que je la vois et que je l'écoute jouer de cet instrument dont la résonance grave rencontre en moi un très fort écho.

Durant cette première année qui suit le diagnostic, nous vivons avec la maladie. Il y a quelque chose qui nous arrive. Ce n'est plus tout à fait comme avant, même si rien ne transparaît. Si ce n'est plus de fatigue. Le mal ne progresse pas encore de façon drastique. Léonard est toujours capable de faire des promenades. Son souffle est bon mais il « traîne la patte ».

Il est malade, il n'est pas handicapé. Pas encore. Nous ignorons à quel point la maladie se tapit dans l'ombre, prête à bondir, mais nous nous savons vulnérables. Nous ne nous sentons plus vraiment les rois du monde que nous étions durant les années d'expatriation passées au Gabon.

Léonard refuse-t-il de s'écouter? En fait-il trop? Quelle est la part de la fatigue due à la maladie et celle due à nos quatre enfants bien toniques? C'est difficile à dire. Léo sait demander à un ami de porter notre enfant, n'y parvenant plus lui-même mais il ne s'écoute ou ne s'impose sans doute pas assez.

Léo ne regarde pas derrière lui. Il va de l'avant en se focalisant sur ce qu'il peut faire. Quelques mois après le diagnostic, il annonce à son employeur qu'il ne peut plus voyager. Il n'a pas pleuré sur ces missions professionnelles qu'il aimait accomplir et qu'il ne peut plus faire: il se réjouit de pouvoir continuer à travailler, même si c'est «seulement» depuis Paris, de continuer à défier la technique, à organiser ces installations d'infrastructures.

Durant l'été 2011, alors que je suis partie en vacances avant lui, des amis s'offrent de dîner avec lui et même de dormir chez nous, pour lui tenir compagnie et lui servir de chauffeur pour aller à son bureau. Amis bienveillants et vigilants. Lorsque je retrouve Léo après deux semaines d'absence, il a énormément maigri et montre des signes de fatigue. Je pleure devant son état physique. Je lui exprime ma surprise, ma douleur devant l'avancée de la maladie en ces quinze petits jours:

– *Te rends-tu compte comme tu as maigri?*
– ...
– *Vous dîniez à la maison ou vous sortiez?*

– Les deux. Parfois au resto, parfois chez des amis et parfois chez nous.

– Tu as suivi les conseils de la nutritionniste ?

– Bof, un peu.

– Et comment faisais-tu pour déjeuner ?

– Je déjeunais au bureau d'un sandwich et parfois j'allais au bistrot.

– Tu sais, je t'en veux de ne pas mieux prendre soin de toi. J'ai l'impression d'avoir un petit garçon devant moi et d'avoir le mauvais rôle. C'est vraiment pénible. Ce n'est pas compliqué de dire les choses. Ce n'est pas contre les autres, c'est pour toi. Pour nous. Est-ce que tu pourrais faire l'effort d'exprimer tes besoins, tes attentes, tes émotions ?

Léonard se contente trop souvent d'un sandwich et d'un café à l'heure du déjeuner, tout en lisant le journal, au troquet du coin. Il a oublié son besoin capital, voire même vital, d'une alimentation très riche en protéine et en lipides, pour nourrir le peu de muscles qui lui reste.

Les proches bien intentionnés mais ignorant l'importance de ces qualités nutritives – puisque Léonard ne leur a rien dit – ont parfois apporté des repas faiblement protéinés. Léonard n'a pas su refuser ce qui lui est offert pour exprimer qu'il lui faudrait un gros steak frites mayonnaise, bienfaiteur, d'après les nutritionnistes. Et Léo n'a pas toujours pris la peine de rajouter crème, beurre ou huile à ses plats.

Je suis énervée par l'attitude de mon mari. Je ne lui en veux pas d'être malade mais je lui en veux de ne pas mieux se prendre en main. J'ai l'impression de devoir prendre le mauvais rôle de garde-malade casse-pieds.

Je l'accuse, parfois à tort. En réalité il est compliqué, difficile pour Léonard d'identifier ses besoins, ses émotions. Il lui est tout aussi malaisé de les exprimer. Il n'est pas fait de la même étoffe que moi. Je me heurte à nos différences de caractère. Léonard laisse de côté le tragique de certaines situations pour en saisir l'aspect burlesque.

Cet humour qui me prend toujours au dépourvu, me préserve aussi. C'est aussi pour cela que j'aime Léo. Pour sa capacité à prendre les choses avec autant de recul, d'humour.

En m'entendant parler de lui à l'une de mes sœurs ce même été 2011, il nous lance un joyeux: «Alors les filles, ça complote ou ça conspire?» Et lorsqu'il peine à mettre ses chaussettes ou à nouer ses lacets, il me déclare: «En fait, j'ai les jambes trop longues, c'est cela le problème.»

Assez vite, nous optons pour les mocassins. *Exit* de nos placards les chaussures chic, à lacets. Une autre fois, alors qu'il a du mal à monter les escaliers, il me dit avec cet humour indéfectible: «Que font ces marches dans cet escalier? Je vous le demande!» Et il rit de son rire franc. La situation lui paraît cocasse: c'est à cause de ces marches qu'il peine à monter l'escalier. Il ne s'alarme pas outre mesure.

Je veille sur Léonard pour qu'il s'écoute et prenne soin de lui, anticipe ce qui peut l'être. Il veille sur moi pour que je ne m'inquiète pas outre mesure, que chaque jour je refasse ce choix de vivre le présent.

Durant la deuxième année de la maladie, Léonard fait quelques chutes qui lui valent de filer aux Urgences pour se faire recoudre la tête.

Au mois d'août 2011, Léonard chute en rentrant de la plage. Tout en palpant un trou béant et sanglant dans le crâne, il réussit à faire le fier devant sa femme et ses enfants. Ces derniers sont beaucoup plus impressionnés par le sang que par la boiterie de leur père. Léonard reste calme et chante sa joie : « Nananère, dira-t-il à son fils, c'est moi qui vais prendre la camionnette des pompiers ! » Il donne le change. Avec brio. L'angoisse quitte alors les enfants.

Appuyé sur sa canne, il reprend le chemin du bureau en septembre 2011, après quelques semaines de vacances. Je l'accompagne encore au RER le matin et le soir. Je tremble qu'il ne chute. Au bout de quelques semaines, Léonard reconnaît son impuissance. Son employeur offre de lui payer les trajets en taxi, en attendant que cela soit pris en charge par la Sécurité sociale. Il accepte. Il n'a plus le choix.

Cela me tranquillise bien mais ne résout pas le problème du déjeuner.

– Tu as demandé de l'aide pour aller au bistrot ?

– Non.

– Tu aurais pu tomber ! Qu'est-ce qui se passera si tu tombes ?

– Si ça arrivait, il y aura bien quelqu'un pour me ramasser et appeler les secours.

La nature optimiste de Léonard prend le dessus. Il voit encore le verre à moitié plein. Il espère qu'il ne chutera pas mais reconnaît cette éventualité et l'accepte. Il ne serait pas abandonné puisqu'un passant, un inconnu, lui porterait assistance. Je crois que Léonard est foncièrement optimiste.

– *Mais Léo, tu es incroyable. Tu préfères tomber et te retrouver aux Urgences plutôt que de demander de l'aide de quelqu'un du bureau pour t'accompagner déjeuner ?!*

– *Tant que j'y arrive encore, oui je préfère. Je ne veux pas déranger les autres.*

– *Léo, tu as plein de collègues qui sont aussi des amis, des gens que tu apprécies. Pourquoi ne pas organiser un planning ? Chacun va déjeuner avec toi un jour, ainsi tu n'es pas seul pour faire les trajets bureau-bistrot, et tu déjeuneras mieux.*

– *Non, je ne préfère pas. Je ne veux pas les déranger.*

En entendant ces paroles, ma colère explose :

Léo, on est d'accord que tu ne peux pas changer le cours de la maladie, mais tu peux faire ton possible pour prendre soin de toi, pour t'écouter plus. Tu ne veux pas les déranger, cela t'honorerait dans un autre contexte. Mais là, c'est moi que tu déranges. Tu n'es pas tout seul dans la maladie. Ta maladie nous engage aussi les enfants et moi. Psychologiquement et physiquement. Je ne veux pas vivre dans la peur que tu tombes, je suis fatiguée à l'avance de vivre le stress, les Urgences à l'hôpital. On ne pourra plus y arriver tout seul, il va falloir que nous acceptions de l'aide à présent.

Il m'écoute profondément, accueille mes paroles, me regarde, désolé. Il ne sait quoi répondre, alors il ne dit rien. Son regard exprime son impuissance à pouvoir changer les choses, son regret de la situation, de la souffrance engendrée.

À partir de cette discussion, Léonard accepte le soutien de ceux qui le proposent, de ceux dont il sent que l'aide n'est pas pesante. Non pas pour lui mais pour ceux qui aident. Il ne s'étend pas sur le sujet. Décidément, ce n'est pas son caractère. Il accueille les gens, les choses comme elles sont, agréables ou non, sans rien chercher à changer lorsqu'il sait ne rien pouvoir changer. Il s'en sort par une boutade.

Notre maison fraîchement refaite ne convient plus à l'état de Léonard. Il faut franchir cinq marches pour y accéder. Quant aux toilettes, elles sont à trois marches du rez-de-chaussée. Et pour finir, notre chambre et la salle de bains sont à l'étage.

Dans un premier temps, nous installons des rampes dans les escaliers pour que Léonard puisse s'y tenir. C'est rapide et facile. Je l'aide à monter les marches en portant ses pieds et en les plaçant l'un après l'autre sur la bonne marche. Mais si la maladie évolue encore, comment faire ? Ce n'est pas si facile de vivre le présent tout en anticipant un minimum dans le cas, statistiquement probable, où la maladie ne se stabiliserait pas. Les perspectives qui s'offrent à nous sont le déménagement ou bien des travaux d'accessibilité pour Léonard. Un an après notre installation dans cette maison nouvellement agrandie, le déménagement est peu souhaitable. D'un point de vue financier, d'un point de vue logistique, d'un point de vue psychologique, cette option nous paraît bien compliquée et hasardeuse.

Reste la solution travaux. Je fais venir des ergothérapeutes. Leurs propositions nous semblent un peu rocambolesques. Casser la cuisine pour en faire une chambre et salle de bains avec toilettes est une option qui ne résout pas le problème de l'accès à la maison. La cuisine, comme notre chambre, seraient réduites à une portion congrue peu réaliste. Mais surtout, elle a le gros désavantage de nous couper de l'étage des enfants : Léonard ne pourrait plus jamais accéder à l'étage où sont les chambres des enfants.

Nous voulons maintenir notre cadre de vie au maximum. Poser un « monte-escalier électrique » dans l'escalier intérieur et un autre sur le perron sont des solutions très onéreuses pour un gain logistique très limité en raison des transferts du monte-personne au fauteuil. Fauteuil qui ne pourrait suivre aux différents étages, ce qui nuirait à l'autonomie de Léonard.

Le mieux serait donc de faire construire un « élévateur » à l'extérieur, qui desservirait tous les étages et nous permettrait de ne pas modifier la maison. Ou le moins possible. Nous reprenons à nouveau les plans et faisons établir des devis. Nous trouvons une solution technique. Reste le problème financier. Les travaux d'agrandissement ont englouti nos réserves. Nous n'avons pas le budget suffisant. Alors nous demandons de l'aide. Nous sonnons en vain aux portes d'associations. Finalement ce sont nos familles et amis qui nous aident. En quinze jours, la somme nécessaire est réunie. Il nous faut même renvoyer des chèques. Merci à nos proches d'avoir été là, de nous avoir permis de rester dans cette maison ! Il était moins une. En effet, un mois après l'installation de cet ascenseur, Léo ne peut plus franchir les marches des escaliers. Grâce à cet ascenseur et au fauteuil électrique, Léonard voit son horizon s'élargir. Il gagne en indépendance. Il peut sortir tout seul puis, dans les derniers mois, accompagné. L'hiver, il faut affronter le froid pour prendre cet ascenseur extérieur. C'est le prix à payer pour rester dans cette maison.

Les chutes ne sont pas un danger imaginaire. Léonard tombe encore gravement deux fois en ces premiers mois de l'année 2012. Après une dernière chute en avril, qui le laisse inconscient de bien longues minutes, Léonard comprend qu'il doit désormais vivre en permanence dans un fauteuil.

Il accepte.

Nous sommes tous les deux dans notre chambre. Nous parlons de cette nécessité du fauteuil à temps plein. C'est là qu'il me dit : « Si je ne peux plus marcher, eh bien je courrai. »

Quand l'un de nos enfants se plaignait d'une marche trop longue, Léo répondait immanquablement : « Si tu ne peux plus marcher, tu cours ! » Là, ses bons mots, sa blague, prennent tout leur sens.

Le rire, Léonard le manie comme un refuge et une arme. À la souffrance, il répond souvent par le sourire et par ses pointes d'esprit.

Par son humour, Léo nous préserve. Il nous préserve de la tristesse. Il nous aide à prendre les choses comme elles viennent, un peu comme des blagues, bonnes ou mauvaises, mais blagues tout de même. Léonard a cette faculté de ne rien prendre au tragique, de rire de tout. Je crois que c'est sa nature profonde. Il a toujours été comme cela. Cette sagesse parfois proche du stoïcisme, lui vient de son naturel heureux, d'une grande intelligence qui le rend apte à prendre du recul, d'une volonté – aussi – de répondre aux difficultés par l'humour.

Ce serait une grande erreur de croire que Léonard n'est pas touché, qu'il ne souffre pas de la situation, même s'il ne sait pas toujours ou ne veut pas toujours trouver les mots pour l'exprimer. Ce ne fut pas fréquent, mais il est arrivé que seules les larmes aient pu exprimer l'indicible.

À l'heure où j'écris ces mots, à l'heure où Léonard nous a quittés pour la vie éternelle, je découvre sur notre ordinateur une phrase de notre fille Gaétane alors âgée de neuf ans. Ce jour-là, Léonard aurait eu quarante-deux ans. Elle écrit en alternant les couleurs des lettres et en corps soixante-douze : « Papa je t'aime, toi et tes blagues, vous me manquez !, Gaétane. »

À moi aussi.

Le passage au fauteuil électrique de façon permanente est une autre étape. Léonard étrenne l'engin fait à ses mesures le jour du Vendredi saint, le 6 avril 2012. C'est le jour où les chrétiens commémorent le chemin de croix et la mort du Christ. La croix prend encore plus de sens ce jour-là.

Léonard me regarde, interrogateur. Je l'encourage : « Il faut y aller. Si tu n'y vas pas aujourd'hui, tu n'iras jamais. »

Léonard a une capacité à s'abandonner qui sort de l'ordinaire, mais il n'est pas insensible pour autant, il n'est pas un surhomme. Sortir en fauteuil au vu de tous est une étape. Cela vous fait passer pour une personne handicapée aux yeux de la société. Il faut accepter d'être devenu un « grand infirme civil ». Le regard des autres sur vous change. L'enfant peut s'attarder sur vous et l'adulte, lui, peut détourner le regard. C'est ainsi. Un renoncement de plus. Renoncement à marcher mais aussi renoncement à être une personne valide pour faire partie désormais des personnes handicapées. Pas seulement malade. Malade et handicapé. L'hésitation de Léonard ne dure pas plus de quelques secondes. *« En avant, la vie continue ! »*, dit-il.

Il entasse les enfants sur ses genoux ou encore derrière le fauteuil et leur fait faire des « tours de manège » en tournant sur lui-même à plusieurs reprises tout en élevant l'assise de l'engin. *« À fond les manettes ! »* déclare le petit Calixte. Léonard ne peut plus danser debout mais il danse assis et fait danser son fauteuil. Il manie très bien le *joystick* de sa « voiture ». D'autres petits enfants, voyant cela, envient la voiture supersonique. *« Il a de la chance le papa de Calixte, il a un fauteuil roulant ! »* disent-ils, un brin jaloux ! Nous sommes charmés par cette spontanéité, cette insouciance enfantine. Notre petit Calixte se montre très fier. Il sait qu'il ne peut pas jouer au foot avec son père mais il peut « faire du manège », et cela, on ne peut pas le lui enlever. Le fait d'être montré du doigt en étant admiré et non pas objet de pitié ou de seule curiosité est bon. Beaucoup de gens, dans notre petite ville, verront Léonard se promener seul ou avec un enfant blotti sur les genoux, lui caressant la main, ou encore, avec un ou deux autres enfants en rollers se tenant aux poignées arrière. Forcément la scène ne passe pas inaperçue. Un jour, Léonard et notre fille Mayalène sur ses genoux essuient un formidable orage qui les unit dans une complicité toujours plus forte. Je guette leur retour, un peu inquiète, et je les vois arriver trempés mais tout heureux de ce moment, et souriants. Quant à Clémence, la confiance en son père est telle qu'un jour, partie en balade avec lui, elle s'endort sur ses genoux. Léonard la tient comme il peut et tente de ses mains perdant leurs muscles, de l'empêcher de glisser. Ces mains qui deviennent peu à peu « des mains de singe ». Léonard regarde cette atrophie avec le sourire.

Le fauteuil devient un 4×4 qui n'a pas grand-chose à envier à celui que nous avions au Gabon. Grâce à lui, nous gardons une vie la plus normale possible et Léonard n'est pas déconnecté de nos enfants.

Léonard a énormément aimé le film *Intouchables* qu'il a vu trois ou quatre fois, à des stades différents de sa maladie. Il aime par-dessus tout cette capacité à rire de soi, tout handicapé que l'on est. Cette capacité des autres à ne pas vous traiter différemment, à ne pas vous épargner, à vivre enfin. Les répliques telles que « pas de bras, pas de chocolat » ou « si tu ne peux plus marcher, tu cours » résonnent fortement en lui et en moi.

Pourtant, c'est une chose de renoncer à une vie trépidante et une autre de renoncer à des actes tout simples qui font le quotidien. Au moment du diagnostic, Léonard a renoncé à travailler sur le terrain, à des missions qu'il aime. À peine deux ans après, au début du mois d'avril 2012, il doit renoncer à travailler tout court. Tout simplement. Les risques de chute au moment des pauses déjeuner, dans les bistrots du coin ou même dans les locaux de son entreprise, sont réels. Ils auraient pu toutefois être résolus facilement par des paniers repas ainsi que par une main ferme et vigilante pour le mener du taxi à son bureau. Si sa pensée est intacte, ses doigts ont perdu beaucoup d'agilité et de rapidité sur le clavier de son ordinateur, ce qui est très handicapant pour son quotidien au travail. Mais ce n'est même plus le problème. Léonard est pris d'une fatigue énorme. Il n'est pas seulement fatigué, il incarne la fatigue. Sans s'en rendre compte, il est allé jusqu'au bout de ses forces.

Pendant deux ans, un kinésithérapeute vient fidèlement deux fois par semaine. La séance est relaxante pour Léonard à qui ces étirements dans la douceur font du bien. C'est aussi la personnalité de cet homme qui lui fait du bien. Ils s'entendent comme larrons en foire. Une estime réciproque est née. Le kiné est d'une spontanéité et d'une verve assez drôles. Il fait beaucoup rire Léonard, ce qui le détend au moins autant que les étirements opérés. Tous deux parlent éducation, politique, questions techniques de construction de maison. Léo peut apporter son expertise. Il se sent utile.

Se donner professionnellement équilibre Léonard. D'autant qu'il a toujours aimé ce qu'il faisait. Préserver un quotidien le plus normal possible s'avère important. Pour lui comme pour moi. Tant qu'il le peut encore. Ce n'est que lorsqu'il réalise qu'il est écrasé par la fatigue, qu'il renonce à travailler, sans regret et seulement pour un temps, pense-t-il. Car il espère aller mieux. Il peut alors se lever plus tard. Mais plus la maladie progresse, plus les nuits sont difficiles. En position allongée surtout, Léonard éprouve des sensations d'étouffement ainsi que des crampes dans les jambes. Il prend sur lui pour me réveiller le moins possible. Mais lorsqu'il n'en peut vraiment plus, il me sollicite pour l'aider à se retourner, se repositionner ou encore pour l'emmener aux toilettes. Pour l'un comme pour l'autre, les nuits sont donc extrêmement hachées. Un peu comme avec un nourrisson qui ne fait pas encore ses nuits. Les siestes, lorsqu'elles sont possibles, s'avèrent réparatrices.

C'est surtout à partir de ce mois d'avril, quand il cesse de travailler, que l'on se rend compte à quel point Léonard est malade. Il commence à avoir du mal à s'alimenter tout seul. Au début de l'année, il a perdu les muscles de ses bras et ceux de ses mains. La fonte musculaire est très rapide. Léonard est encore autonome pour quelques cuillerées mais a besoin d'être aidé pour finir un repas. Il ne parvient plus à se lever. Lui qui avait toujours été très mince est maintenant très amaigri. Beaucoup trop maigre. Les nutritionnistes insistent sur le fait de rajouter crème, beurre ou huile à chacun de ses plats. Je fais ce que je peux et Léonard mange ce qu'il peut. Il avait un très solide appétit avant la maladie. Il est un peu diminué par la fatigue dans un premier temps. Par la suite, s'il mange moins, ce n'est plus la fatigue qui en est la cause, mais les difficultés de déglutition et de respiration. Lorsqu'il s'assoit sur ce fauteuil électrique, il ne pèse plus depuis longtemps soixante kilos. Son élégance est moindre. Ses chemises sont devenues bien trop grandes. Il flotte dedans. Tant pis. En août 2012, lors d'un repas convivial, où nous sommes très nombreux, tous remarquent, désolés, qu'il est devenu totalement dépendant pour s'alimenter.

Nous décidons d'organiser une grande fête autour de Léo. En additionnant les âges des membres de notre famille, nous arrivons en effet à cent ans, dont quarante pour Léonard en septembre 2012. La présence des proches, famille et amis, nous réjouit. Beaucoup viennent donc nous entourer, nous apporter ainsi un soutien réconfortant.

La fête n'empêche pas la maladie de continuer à évoluer. De semaine en semaine, de jour en jour, Léo perd ses forces.

II

« Si je ne peux plus parler ?
Eh bien, je chanterai ! »

« Ce que Dieu veut éprouver en vous, n'est pas votre force, mais votre faiblesse. »

Georges Bernanos,
Le Dialogue des Carmélites

L'atteinte de la respiration et de la parole

Au début de l'année 2013, l'atteinte bulbaire est révélée par les troubles de la parole mais aussi par ceux de la déglutition et de la respiration.

La capacité respiratoire de Léonard est évaluée à 60-70 %, signe qu'elle est aussi touchée, dans des proportions encore optimistes, si la baisse de cette capacité respiratoire peut être enrayée. C'est l'objectif d'une stimulation diaphragmatique. En février 2013, Léo subit une opération dans le cadre d'un protocole. On lui implante un stimulateur diaphragmatique. Des fils sortent de sa peau, sous le muscle du diaphragme, nous les branchons à une petite machine qui envoie des impulsions électriques pour stimuler ce muscle clé de la respiration. Mais comme il s'agit d'un protocole, la moitié des patients sont sous placebo. Pour ce traitement qui n'est pas médicamenteux (donc chimique) mais mécanique et même physique, le placebo est un câble passif, c'est-à-dire qu'il n'envoie pas les impulsions. Léonard a autant de chances d'avoir le câble actif que le câble passif. Il n'hésite pas, et moi non plus, à accepter d'entrer dans ce protocole. L'opération n'est pas démesurément lourde. Elle implique quelques jours d'hospitalisation et un suivi mensuel, à ajouter au suivi neurologique.

Léo est heureux d'avoir été inclus dans le protocole, d'avoir une chance de gagner du temps, d'ajouter des jours à la vie. Combien ? Il ne le sait pas, mais il le tente. Il veut vivre. Avec nous et pour nous.

Le branchement est assez impressionnant. Nous nous y faisons toutefois rapidement et je « branche » Léonard quotidiennement pour quelques heures. Cela a-t-il permis de ralentir l'atteinte respiratoire ? Probablement. Je suis en tout cas heureusement surprise de voir à quel point nous sommes capables de nous adapter, de réaliser des choses que nous ne pensions pas pouvoir faire ou supporter quelques mois plus tôt.

Un soir de printemps, l'un de nos enfants me réclame l'histoire habituelle qui fait partie, autant que possible pour nous, du rituel du coucher. Indisponible ou fatiguée, je lui réponds de demander à son père. Nous l'entendons nous répondre : *« Je ne comprends rien quand c'est papa qui lit ! »* C'est la première fois qu'il exprime qu'il ne comprend plus bien son père. C'est rude ! Dur à encaisser ! Le lien père-enfant est-il touché ? L'inquiétude pointe. L'enfant va-t-il s'éloigner de son père ? Mais non, pas vraiment. Le lien est seulement différent. L'enfant, lui, en a déjà pris acte. Papa parle difficilement, papa ne peut plus lire les histoires à voix haute, tant pis. Ce n'est pas grave. Papa est quand même là, « c'est seulement qu'il ne peut plus bien parler ». Et puis, Maman est là. Il a confiance : c'est Maman qui lira. Cela n'enlève rien à son amour pour son père. C'est ainsi, c'est tout.

Au fil de cette année, Léonard connaît une forte altération de la voix. Peu à peu, sa parole est ralentie, le timbre de sa voix modifié, l'articulation très difficile comme si sa langue devenait pâteuse. L'altération de sa voix se poursuit. Avancée inexorable.

Trois ans après l'apparition des premiers symptômes, à la forme spinale de sa maladie s'est ajoutée la forme bulbaire. La parole, la respiration, la déglutition, sont désormais touchées. La maladie progresse donc encore.

Les paroles de notre Anglais : « J'ai beaucoup souffert de maux qui ne me sont jamais arrivés » me reviennent. Les maux, les pires, sont arrivés. Ils sont là.

Ça y est.

Sans crier gare, cette voix que j'aimais est devenue chevrotante. Comme celle d'un vieillard. Léonard a quarante ans, la force de l'âge ! Cette voix, reflet de la maladie, je ne la reconnais plus, elle m'est devenue étrangère et difficile à accepter. Mais je ne supporte pas non plus qu'elle se taise, cette voix que je suis devenue la seule à comprendre pendant les derniers mois de la vie de Léonard. Sauf au téléphone où, là, je ne comprends plus rien. Un an après sa mort, je n'ai toujours pas réussi à effacer le message de notre répondeur prononcé par lui de la belle voix calme et grave qu'il avait avant qu'elle ne soit atteinte.

Pour Léonard, c'est un renoncement de plus qu'il accepte. Il me dit qu'il est plus dur d'avoir perdu ses mains que sa voix. Car Léo aime à se servir de ses mains habiles, pour créer, réparer, communiquer. Pour moi, sensible à la communication verbale, l'atteinte de la parole est insupportable. La coupe devra être bue jusqu'à la lie. Jusqu'où faudra-t-il encore aller, renoncer ? J'interpelle Dieu : « Seigneur, j'aurais tant voulu que Tu écartes de nous la "coupe" de l'atteinte de la parole. Qu'il m'est difficile à présent de dire "que Ta volonté soit faite", parole que Tu nous as enseignée ! » Je demande à la Vierge Marie, la mère du Sauveur, Son aide : « Ô Marie, donne-nous d'accepter l'inacceptable, de prononcer ce "Fiat" qui est à redire tous les jours. »

Pour maintenir les fonctions de la parole, de la voix, de la déglutition, le mieux et le plus longtemps possible, je me mets en quête d'une orthophoniste qui pourrait venir chez nous pour une à deux séances par semaine. Je trouve celle qui nous convient. J'imagine que ce n'est pas facile de prendre en charge des patients SLA. J'admire ce personnel médical et paramédical formé, compétent, indulgent. Il est arrivé que Léonard soit trop épuisé pour effectuer sa séance. L'orthophoniste repart alors avec le sourire. Et lorsque j'oublie de la prévenir de notre absence quand nous avons foncé aux Urgences pour que Léonard soit recousu après l'une de ses chutes, elle ne me fait aucun reproche.

Elle aide Léonard à entretenir ses muscles oro-pharyngo-laryngés en proposant des exercices qui visent à coordonner le souffle avec la phonation. Elle le conseille aussi pour lui éviter les fausses routes. Léo n'aura pas eu le temps de s'initier aux outils de synthèse vocale et autres logiciels de communication mais cela aurait été « l'étape d'après » s'il avait vécu.

Dur à avaler

Depuis l'été 2012, Léonard est devenu dépendant pour se nourrir. Il ne peut plus porter le couvert à sa bouche. Il n'en a plus la force musculaire. Je le nourris désormais comme un petit enfant. Parfois, d'autres, des proches, famille ou amis, ou encore l'aide à domicile Fatou, viennent donner un coup de main. Si je suis occupée aux fourneaux, j'appelle à l'aide les enfants. Ils peuvent aussi donner quelques cuillerées à leur père. C'est le monde à l'envers. C'est aux parents de nourrir leur enfant. Là, il a pu arriver que les enfants le fassent pour leur père. Nous sommes stupéfaits du naturel, de la facilité avec lesquels ils l'aident.

Sans doute leur jeune âge leur permet d'agir sans trop se poser de questions. Papa ne peut pas faire quelque chose ? Alors nous l'aidons. Les enfants nous étonnent avec leur force d'acceptation de la situation, jointe à une lucidité déroutante.

Il arrive qu'ils se moquent de leur père, en chantonnant : « Oh le bébé, oh le bébé ! » Léonard qui a accepté cette réalité avec sourire ne s'en offusque heureusement pas. Il s'en amuse, en rajoute même en tentant de chanter avec nos enfants.

Parfois, notre fils Calixte, qui a alors quatre ans, refuse de manger certains aliments. Il pleure, s'attarde, mégote sur chaque cuillerée. Je finis par le prendre sur mes genoux pour l'aider. Je suis énervée par ces repas qui durent des heures. Je me sens tiraillée entre les larmes de mon fils qui refuse la soupe et celles de mon époux qui s'étrangle en mangeant. Dans la main droite, je tiens la cuillère de Léonard, dans la gauche celle de Calixte sur mes genoux. Un jour je m'entends lui dire : « Mais Calixte, je vais te faire manger jusqu'à quand ? Jusqu'à ce que tu sois un papa ? » Je réalise que le modèle qu'il a sous les yeux, auquel il s'est habitué, c'est que l'on nourrisse son papa. Pourtant son père est adulte. Donc dans son esprit on peut être grand et en même temps être nourri. Je dois lui faire comprendre que ce n'est pas grandir que de ne pas manger tout seul.

À mesure que progresse la maladie, les journées raccourcissent. En effet, les repas, les séances habillages et toilettes deviennent de plus en plus chronophages.

C'est Fatou qui nous sauve du cauchemar des repas et de la logistique. Fatou, c'est notre « auxiliaire à domicile » arrivée en septembre 2012 pour m'épauler, prendre le relais. Au début elle ne vient qu'une heure et demie par jour. Les derniers mois, avec l'avancée de la maladie, elle passera parfois jusqu'à trois fois dans la même journée. Sauf le week-end, ce qui souvent me manquera cruellement. Fatou, c'est Omar Sy, version femme. Elle est grande, costaud, belle de cette beauté altière et fière des femmes originaires d'Afrique noire, toujours impeccable malgré des levers à des heures qui seraient pour moi insupportables. Elle partage avec

Léonard une patience mêlée d'une douceur à toute épreuve, et elle est d'une fidélité sans faille.

Tout comme Léonard, jamais Fatou ne râle, ne se plaint, ne s'impatiente. Fatou jour après jour revient. Elle s'occupe de ce corps malade. Elle le lave, sans chichis, sans fausse gêne. Elle l'habille. Elle le nourrit. Son sourire, son humilité et sa patience restaurent une dignité mise à nue. Et puis, Fatou est discrète. Sa présence plus qu'utile mais aussi obligatoire ne me gêne pas. Je mesure le bien qu'elle fait à notre famille. Elle est au service de Léonard. Elle me permet de préserver mon temps, ma fatigue, mon énergie. Énergie que je veux aussi donner à nos quatre enfants qui rutilent de gaieté, de force et de vie.

Chaque jour à partir du printemps 2013, la déglutition devient plus pénible. Non seulement Léonard ne peut plus porter ses aliments à la bouche mais il a maintenant du mal à les avaler.

Pourtant, Léonard doit bien sûr continuer à se nourrir. Il boit quotidiennement, à la paille, des compléments alimentaires hyperprotéinés. Chaque jour, les risques de fausses routes sont davantage présents. Cela nous vaut d'ailleurs de belles frayeurs. La scène est très impressionnante, difficile à supporter. Dans l'urgence, je fais sortir les enfants de la pièce ou leur propose de se cacher sous la table, pour leur épargner une scène pénible, à eux comme à leur père. Ne pas en être traumatisés. Léonard émet un gémissement angoissant, signe que l'air doit continuer à passer un tout petit peu. Je garde mon calme et prends un ton badin mais le cœur n'y est pas. Je ne sais pourquoi, je n'ai jamais eu peur que

Léonard meure lors de l'une de ces crises de fausse route. Il s'en sortait toujours, et j'étais prête – quoique gênée par le fauteuil – à comprimer son abdomen pour l'aider à tousser et recracher. Sans doute, cette confiance, cet optimisme parfois exagérés ont pu m'empêcher de réaliser l'inquiétude des proches qui ont vécu cette situation, avec ou sans moi.

Plus le temps passe et plus ces repas deviennent difficiles. À l'été 2013, Léonard souffre physiquement à chaque bouchée que je lui donne, qui devient alors source de torture.

L'alimentation par sonde gastrique nous apparaît alors indispensable. Voici ce que Léo écrit à son médecin neurologue :

Bonjour Docteur,

Je me permets d'insister pour avoir une date d'opération au plus tôt car les repas sont cauchemardesques. M'alimenter est devenu source de torture.

Par ailleurs, l'excès de salivation joint aux difficultés de déglutition provoque des étouffements, particulièrement la nuit.

Que pouvons-nous envisager en dehors d'une position semi-allongée ?

Merci de votre diligence.

Bien cordialement,

Léonard

Il exprime sa souffrance physique, ses difficultés de déglutition, de salivation, de respiration ou même de constipation.

Léonard et moi pouvons partager notre souffrance psychologique. Je peux aussi améliorer la prévention par la texture des repas, mais je ne peux, sinon par la communication, prendre ma part de son fardeau physique. Il est douloureux de le voir souffrir parfois sans pouvoir le soulager.

Comme j'aurais aimé lui transfuser les cellules de mes motoneurones, goutte à goutte, pour stopper l'atrophie de ces muscles en déliquescence.

La date de l'opération pour poser une sonde gastrique est enfin arrêtée au 24 octobre, pendant les vacances de la Toussaint. Je demande alors à Léonard s'il veut que nous parlions de la mort, sans détour. Je cherche la discussion, je veux la provoquer. Il refuse. Est-ce trop dur, trop irréel ? Je respecte sa décision et n'insiste pas. Mais je regrette que la conversation n'ait pas eu lieu. J'aurais souhaité pouvoir parler librement, dans notre intimité, afin de nous préparer, sans être dans l'urgence ou la souffrance de la détresse respiratoire.

Depuis longtemps aussi, j'incite Léonard à laisser des mots écrits à nos enfants comme à moi, pour après. Il l'a très peu fait. Je crois qu'il n'en était pas capable, comme si écrire à sa famille dans cette perspective précipitait l'inéluctable. Aujourd'hui, je comprends le refus de Léonard d'évoquer avec moi sa fin potentiellement proche. C'était une façon de se préserver, de lutter encore contre la maladie, de vivre le présent afin de sauvegarder sa joie et sa paix quotidiennes.

Pleurer et chanter dans les difficultés ?

Lorsque Léo participait à un protocole médicamenteux en 2011 et au début de l'année 2012, je l'accompagnais tous les mois pour la visite réglementaire. Nous passions presque toute la journée à l'hôpital. Il y avait bien sûr l'examen clinique qui ne pouvait que constater l'avancée de la maladie, la perte de mobilité, la perte d'autonomie pour Léonard. Mais aussi des questions sur son état psychologique. Léo ne se disait ni anxieux ni déprimé. Les deux premières années de sa maladie il se plaçait à 80 % du meilleur état de santé imaginable. Un an avant sa mort, il se place encore à 50 %. S'il souffre de nous voir parfois souffrir, Léonard, dans sa grande sagesse, ne culpabilise pas de faire vivre son mal à sa famille car il sait bien qu'il n'y peut rien.

Et voit le verre à moitié plein.

La seule chose qu'il dit redouter, c'est la sensation d'étouffement qu'il sait pouvoir arriver. Et pourtant, lorsqu'il dit cela, il ne peut plus bouger du tout, il est entièrement paralysé. Il est maintenant prisonnier de ce corps qui est devenu étranger, que nous ne reconnaissons plus tant il est amaigri, fatigué. Il ne peut plus se vêtir, se nourrir, travailler, jouer de la musique, écrire ou même lire un livre. Il a des difficultés à respirer pleinement, il ne peut pas non plus chasser la mouche qui l'agace, ou encore tenir son enfant. Il ne peut même plus embrasser. Physiquement, Léo est devenu, en 2013, l'ombre de lui-même. Mais il fait face, avec son sourire désarmant.

Moi-même, en tant que « soignant familial », je me vois assignée à remplir « l'inventaire du fardeau du soignant » lors de notre visite mensuelle à l'hôpital. « Fardeau », le terme est évocateur. L'échelle de ce « fardeau » varie de zéro à quatre et le soignant familial doit représenter sur cette échelle la fréquence à laquelle les affirmations décrivent ses sentiments. En réalité, ces assertions de « l'inventaire du fardeau » sont très bienfaisantes pour un soignant familial car elles lui montrent que ses ressentis de colère, de peur, de tristesse sont normaux et, en tant que tels, permettent de ne pas culpabiliser. À la première lecture, les questions surprennent. Il m'apparaît intéressant d'en citer quelques-unes dans leur texte :

– *Je suis gêné par le comportement de mon conjoint malade, j'ai honte de lui.*

– *J'ai l'impression que je passe à côté de ma vie.*

– *Je ne dors pas suffisamment.*

– *Ma santé a souffert.*

– *Je ne m'entends plus aussi bien avec les autres membres de la famille ou avec les autres.*

– *J'en veux aux proches qui pourraient aider et ne le font pas.*

– *J'en veux à mon conjoint malade.*

Inévitablement, vivre avec un conjoint atteint de SLA, d'autant plus lorsque l'on a quatre jeunes enfants, a des répercussions physiques et psychologiques. Manque de sommeil et fatigue deviennent le lot commun. Cela pourrait être atténué avec davantage d'aide à domicile, y compris la nuit. Mais en dehors des coûts financiers, cela a un coût non négligeable en terme d'intrusion, de perte d'intimité conjugale.

La relation à l'altérité peut être parfois malmenée dans l'épreuve de la maladie.

Je fais remarquer à Léonard la solitude dans laquelle la maladie nous plonge parfois. Cette fois, la réponse de Léonard n'est pas optimiste mais d'un réalisme aigu et douloureux : « Que veux-tu, dans la vie, c'est chacun pour soi, il faut bien que tu t'y fasses ! » Une fois encore, Léonard accepte les gens tels qu'ils sont et accepte sa croix. Je tente de me mettre à son école et de fixer les yeux sur Jésus et sur Marie, mais parfois, ce n'est pas sans heurts.

Me reviennent les paroles de saint Vincent de Paul : « Ce n'est que pour ton amour que les pauvres te pardonneront le pain que tu leur donnes. » Saint Vincent est apôtre du Christ, à la suite de saint Paul qui disait : « Si je n'ai pas l'amour, je suis comme l'airain qui sonne, ou la cymbale qui retentit, sans l'amour je ne suis rien. » Ces paroles que sainte Thérèse reprend dans un célèbre poème.

Saint Vincent de Paul s'adresse au plus privilégié, lui demandant de donner avec amour. Et il s'adresse au plus pauvre, lui demandant de savoir recevoir, de s'accepter dans sa pauvreté, de pardonner au bienfaiteur qui met le doigt sur sa pauvreté en donnant. L'exigence de saint Vincent de Paul va loin : pardonner à ceux qui ne donnent pas mais aussi pardonner à ceux qui donnent, et se laisser aimer.

Atteint par la maladie, Léonard endosse peu à peu l'habit du pauvre. Le pauvre à qui l'on donne pour qu'il puisse subsister. Le malade tend à se dépouiller, bien malgré lui parfois. Il n'est pas libre d'être ou de ne pas être malade. Il n'est libre que d'accepter ou de se révolter. C'est dans cette acceptation que réside sa liberté, sa gloire, et, s'il y parvient, sa joie. Léonard se dépouille presque facilement. Il accepte l'attitude des autres, quelle qu'elle soit. C'est cette attitude d'abandon, ce sourire et cet humour qui conduisent les autres à lui.

Lorsque l'atteinte de la parole est devenue indéniable vers le début de l'été 2012, je demande à Léonard : « Mais comment va-t-on faire si tu ne peux plus parler ? » La réponse tombe, évidente pour lui : « Si je ne peux plus parler, eh bien je chanterai. »

Cette fois c'est moi, bouche bée, qui reste muette.

Autant le « Si je ne peux plus marcher, je courrai », je m'y attendais, autant là je suis dépassée par ces traits d'humour, ces traits de génie.

Dans les difficultés, dans la souffrance de sa terrible maladie assumée, Léonard chante. À sa manière. C'est-à-dire qu'il sourit. Il nous laisse son sourire en héritage. Léo chante la vie. Envers et contre tout. Il chante pour lui. Et pour nous, ses proches. Il continue à vivre, à vivre chaque seconde pleinement. Et il rit. Léonard a toujours aimé rire, de son rire franc et massif.

L'un des symptômes de la SLA est l'instabilité émotionnelle. Des faits anodins peuvent déclencher des crises de larmes ou des fous rires. Pour Léonard, ce sont des fous rires. Il s'en réjouit et s'en trouve chanceux. Encore une fois, il voit le verre à moitié plein. Je partage avec lui des fous rires mémorables dont j'ai parfois oublié les origines. Il me reste en mémoire ces images de nous deux unis par ces rires, ces fous rires. Complices comme jamais.

Un jour, je suis devant mon ordinateur dans l'entrée, Léonard est dans le salon, avec l'orthophoniste. Je l'entends répéter des phrases telles que « Trois très gros, gras, grands rats gris grattent » ou encore « Didon dîna dit-on du dos d'un dodu dindon. Didon dîna dit-on de dix dos dodus de dix dodus dindons » ou à tenter d'effectuer le bruit du baiser avec ses lèvres. J'esquisse un gloussement. Léonard répond en gloussant plus fort. Et nous voilà partis pour dix bonnes minutes de fous rires devant une orthophoniste amusée et indulgente.

Avec beaucoup d'émotion, je repense à une autre anecdote : un jour, je demande à notre fils Calixte âgé de quatre ans d'appeler l'ascenseur depuis l'étage, son père ne pouvant plus exercer de pression sur la touche. Nous l'entendons qui crie : « Ascenseur, ascenseur ! » sans pour autant appuyer sur le bouton. Il redescend tout penaud et déclare : « Je l'ai appelé mais il ne vient pas. » Quel fou rire partagé en famille avec Léonard qui ne cesse de s'esclaffer ! Cette histoire familiale est devenue légendaire et c'est le même fou rire qui survient à chaque évocation du récit.

Devenu complètement dépendant, Léo a parfois besoin d'aide de façon urgente, pour des gestes du quotidien. Je me précipite, compatissante. Parfois c'est l'agacement d'être dérangée dans mon travail qui l'emporte. Après avoir enseigné près de dix ans l'histoire-géographie en France, avant notre parenthèse gabonaise, je me suis lancée dans le coaching et l'accompagnement éducatif, parental et à l'orientation.

– *Tu ne peux pas le faire tout seul ?,* non il ne peut pas. Il ne peut plus.

– *Tu ne peux pas demander à quelqu'un d'autre ?,* non, il ne peut pas. Il n'y a, à ce moment-là, personne d'autre que lui et moi.

Pas plus qu'un autre, moi sa femme, je n'ai entendu Léonard se plaindre de son état, râler, fulminer. Une chose l'atteint, c'est mon état, à moi sa femme, la lassitude, la colère que je peux parfois manifester. Une fois, une seule fois, il me dit : « C'est déjà bien assez dur comme cela, n'en rajoute pas ! »

Il y a des gestes que je fais avec beaucoup de douceur, d'amour, de compassion. Et d'autres qui me gênent, m'agacent. Parfois sa maigreur suprême m'angoisse, ces rides apparues me surprennent, ce nez qui coule et que je dois moucher me rebute. Parfois je regrette de ne pas le moucher avec assez d'amour.

Dans les dernières semaines, il pèse à peine quarante petits kilos pour son mètre quatre-vingt-cinq. En le voyant je ne peux m'empêcher de penser à ces images représentant les corps souffrants, épuisés, vidés, suppliciés, les visages émaciés des prisonniers des camps de concentration.

Bien sûr, parfois les larmes jaillissent. C'est dur. C'est si dur de voir celui qu'on aime diminuer ainsi de jour en jour. Moi qui vis avec lui, je vois cette décrépitude gagner du terrain. Chaque jour, le moindre geste est plus lent, plus difficile, voire impossible.

Quelquefois je suis tentée de m'apitoyer, de m'énerver, d'être en colère contre la maladie, contre mon mari, contre ce qui nous arrive et que nous n'avons pas choisi. Contre toute cette souffrance. Devant tant à porter avec nos quatre jeunes enfants. Devant l'acceptation par Léonard de la situation, parfois même devant son sourire. Et pourtant, comme je suis fière de lui, de son attitude dans cette maladie ! Comme son abandon me fait moi aussi grandir dans la foi, la confiance, l'espérance, la charité !

À d'autres moments j'ai peur. Je ne veux pas que la maladie nous prenne notre amour, même si je suis parfois maladroite à l'exprimer quand tout hurle en moi devant tant de déchéance. Tout mon être crie mon amour pour cet être malade. Et pourtant, quelquefois j'ai peur de ne plus l'aimer. Du malade à la maladie, le pas est vite franchi. J'ai peur de ne plus l'aimer tant je n'aime pas la maladie. Je sens bien que c'est là un piège dans lequel il n'est pas bon que je tombe. Piège que de douter de l'amour que je lui porte. Piège que de me mettre en colère contre lui au lieu d'être en colère contre la maladie. C'est bien la maladie que je n'aime pas. L'amour ne se résume pas à un sentiment amoureux. Mon amour pour lui, mon époux malade, est intact, différent de celui des premiers jours mais il est bien là. Le roc que j'avais épousé est toujours de roc dans sa tête. Je n'ai pas honte de lui et continue à l'admirer, à l'aimer. Encore davantage. J'exprime mes regrets auprès de Léonard de m'emporter ainsi. Je lui dis que ce n'est pas contre lui, mais contre la maladie que je m'énerve. Il me relève et tous deux sortons grandis de ces difficultés.

Je regarde mes erreurs, mes mouvements d'impatience et de colère avec regret mais aussi avec beaucoup de douceur et sans culpabilité. J'ai conscience que, dans mon humanité, je suis fragile et imparfaite et que je fais de mon mieux. Je sais aussi que le Seigneur me rejoint dans ma faiblesse. Je n'ai jamais eu peur de ne pas «être à la hauteur». Je vois bien que je puise au fond de moi-même des ressources insoupçonnées, à commencer par le courage que l'Esprit Saint m'envoie. C'est très rassurant, réconfortant de se dire que le Seigneur non seulement pardonne mais aussi pourvoit des grâces nécessaires.

Le rapport des enfants au temps me surprend sans cesse. Un jour, j'entends notre Gaétane, huit ans, répondre à l'un de ses amis du même âge qui l'interroge sur son père: «Qu'est-ce qu'il a? – Eh bien Papa boite!» La scène se passe à la fin du mois de septembre 2013, soit deux mois avant la mort de son père. La question toute naturelle et spontanée de cet enfant me touche. Il est bon qu'il ose la poser, qu'il sache demander tout simplement. Si nul ne posait de question par crainte de blesser et d'engendrer nos larmes ou encore d'être maladroit, nous nous sentirions sûrement encore plus ostracisés, isolés. La réponse de Gaétane : « Papa boite », est étonnante. Cela fait longtemps qu'il ne boite plus car il ne marche plus. Depuis dix-huit mois, Léonard est en fauteuil. Paralysé des quatre membres ou presque. Et la déglutition et la parole sont très atteintes. Gaétane s'est habituée à voir son père en fauteuil. C'est un peu comme si elle ne voyait plus la maladie. Elle ne voit que son père.

Pourtant Gaétane, tout comme sa sœur Mayalène, exprime son inquiétude. Ainsi, quelques semaines avant la mort de leur père, sans se concerter, à des moments différents, elles me confieront en pleurant avoir « peur qu'il ne meure bientôt ! » Que les larmes sortent, que les craintes soient exprimées, est bénéfique. Depuis quelque temps, j'envoyais des signaux discrets pour qu'ils comprennent que leur père n'allait pas forcément guérir un jour, malgré notre espoir de guérison, malgré toute notre foi et nos prières. Je rassure mes filles aînées par des gestes. Je les prends dans les bras. Je ne leur réponds pas qu'il va mourir prochainement car je n'en sais rien moi-même. Je ne nie pas non plus mon inquiétude. Je leur réponds que, oui, un jour, leur père mourra comme nous tous, un jour nous mourrons. Je leur réponds que nous ne savons pas quand sera ce jour.

Je leur promets aussi que quoi qu'il arrive, nous les aimerons toujours : « Papa et moi t'aimons de toutes nos forces, de tout notre cœur, de toute notre âme et pour toute la vie. » Cette phrase devient alors un rituel obligé avant la nuit. Et Clémence y rajoute : « Et moi je t'aime de toute ma joie. » Cela me ravit.

Les enfants ont besoin de jouer, de bouger, de parler, de crier. Et les nôtres ont une vitalité, une énergie, une impatience peu communes, qui sont déjà épuisantes sans compter la fatigue de vivre avec la SLA.

Maladroitement, j'exprime à mon Léo qu'avec sa nature calme et patiente, contrairement à la mienne plus impulsive et fonceuse, il vaut mieux que la maladie soit tombée sur lui et non pas sur moi. Pour moi, cela aurait été intolérable. Lorsque je lui dis cela, Léo, avec sa générosité sidérante, me répond que ce que nous vivons est plus dur pour moi que pour lui.

Je suis stupéfaite par son abnégation, admirative de ses renoncements, jalouse de sa patience, touchée par sa douceur. Léonard était un homme doux et humble de cœur. Foncièrement. Mais avec sa maladie ces qualités de douceur et de patience se sont encore accrues.

III

« Si je guéris ?
Eh bien, on continue ! »

«Mais si tout orgueil était mort en nous, la grâce des grâces serait de s'aimer humblement soi-même comme n'importe lequel des membres souffrants de Jésus Christ.»

Georges Bernanos,
Journal d'un curé de campagne

Léonard, homme de foi

Lorsqu'il était enfant, Léonard a appris de sa mère les paroles des actes de foi, d'espérance et de charité, maintes fois répétées. La force de ces paroles a agi dans son cœur. Je les découvre, prononcées par ma belle-mère, lors d'une veillée autour de la dépouille mortelle de son mari, mon beau-père. Elles prennent tout leur sens au soir de la mort. À partir de ce moment-là, nous dirons, nous aussi, souvent les paroles de l'acte de foi :

« Mon Dieu, je crois fermement toutes les vérités que vous nous avez révélées et que vous nous enseignez par votre Église, parce que vous ne pouvez ni vous tromper ni nous tromper. »

Léonard a grandi dans une famille chrétienne, assidu au service de l'autel en tant qu'enfant de chœur, jusqu'à ce qu'il soit devenu jeune adulte. Il est passé de sa foi d'enfant à une foi mature, adulte, libre et consciente, sans heurt, sans crise.

Il en a été de même pour moi qui ai aussi grandi dans un milieu très pratiquant, avec une habitude de la prière familiale et de la pratique des sacrements. L'un comme l'autre avons eu la chance de trouver à l'adolescence des témoins, des relais, autres que parentaux, qui ont pu nous conforter dans notre foi et nous permettre de tenter de tracer nos vies dans le sillon du Christ. Que ce soit par son service de l'autel ou par des rencontres personnelles, Léo comme moi avons été marqués en particulier par des prêtres. Ceux-ci vivent avec une telle incandescence et cohérence chrétienne la communion et la miséricorde que cela nous a permis de découvrir davantage le visage du Christ et son amour personnel pour nous. Derrière chacune de ces rencontres évangéliques, l'Esprit Saint est présent et œuvre.

Que le lecteur me pardonne mais je voudrais ici faire fi de la chronologie pour montrer comment Léonard devint chaque jour un peu plus, dans l'épreuve de la paralysie, l'homme de foi, d'espérance et de charité qu'il n'a jamais cessé d'être.

Léonard est un homme de foi. Il a réussi à être présent à la messe du dimanche. Il a réussi à braver les interminables séances de toilette, habillage, petit-déjeuner qu'il ne faut pas sacrifier car il faut nourrir le peu de muscles qu'il lui reste et fractionner les repas. Envers et contre tout, il est assidu à cet office du dimanche. Il prend l'habitude de se placer à côté du pilier avant droit en regardant le chœur. Il fait corps avec ce pilier de notre église. Il devient alors pierre angulaire de l'Église. Il est porté par les prières de la communauté, mais c'est aussi lui qui porte la communauté. Il la porte par sa fidélité au Christ, par sa foi, envers et contre tout. Il la porte par sa faiblesse qu'il ne cache pas, et qui va croissant. Il la porte par son espérance. Et par sa joie. Joie de croire que Jésus Christ est Sauveur. Le Sauveur. Il veille sur notre communauté car il veille avec le Christ, dans cette lente descente au plus profond de lui-même. Il se fait veilleur. Bien que de plus en plus atteint par la maladie, Léonard offre son sourire d'homme de foi, sourire de celui qui sait qu'il est aimé de Dieu d'un amour fou, sourire d'un homme qui s'aime et s'accepte dans sa profonde nudité, dans sa fragilité. Par son sourire, il nous illumine. Il nous révèle que si Dieu ne peut être vu, entendu ou touché au sens humain, Sa voix devient audible, Sa présence réelle lorsque nous communions et que nous le prions. Rien d'extraordinaire. Juste l'ordinaire vécu de façon extraordinaire. Il me montre que l'amour est patient. Il m'apprend, il m'éduque à la patience, à la vie au présent. La SLA prend beaucoup. Elle donne aussi. Moi, l'impatiente de nature, avec Léo, je suis à l'école de la patience. La SLA donne cette mesure du temps. Du temps qui file et qu'on ne peut reprendre. Du temps donné et du temps reçu.

Léonard enseigne à nos enfants la parole de Dieu. Quand il ne peut plus bien parler, il offre aux enfants des livres de vie des saints. Il appelle à la prière familiale. Il s'agenouille tant qu'il le peut encore et par la suite laisse nos enfants tracer sur lui le signe de la croix avec son bras décharné. Voir son père à genoux devant son Dieu, devant notre Dieu, ce n'est pas rien pour un enfant. Le père reconnaît qu'il y a plus grand que lui, qu'il y a le Père tout-puissant, qui donne son Fils à l'homme par amour. Léonard témoigne que l'on ne peut entrer dans la Résurrection sans passer par la croix. Cette croix à laquelle il prend part, par ses souffrances d'homme malade. Voir leur père fidèle à Dieu dans l'épreuve de la maladie ancre sûrement la foi de nos enfants. Avec les enfants, nous n'avons pas peur de demander un miracle à Dieu. Léonard n'a pas vécu dans le ressentiment, la colère ou tout simplement la question « pourquoi moi ? » En revanche il espère humainement : « Pourquoi ne serais-je pas guéri ou du moins pourquoi ne ferais-je pas partie de ces 10 % de patients qui voient la maladie cesser d'évoluer ? » Léonard a foi en la parole du Père qui nous dit de demander en son nom.

Avec les enfants et moi, l'été 2010, Léonard pèlerine à Cotignac, lieu d'apparition de la Vierge et de saint Joseph. L'année suivante, en 2011, nous nous arrêtons à Châteauneuf-de-Galaure pour nous recueillir dans la chambre intacte de Marthe Robin, mystique catholique française fondatrice des foyers de charité. Ensuite, nous nous dirigeons vers Paray-le-Monial, lieu d'apparition du Cœur Sacré de Jésus. Dans tous ces lieux, la démarche est la même : nous voulons poser des actes de foi, demander au Seigneur la grâce du présent ainsi que celle de la guérison.

Cette guérison, cette grâce de continuer, Léonard et moi allons aussi la demander à Notre-Dame de Lourdes. À ce moment-là, Léo marche en s'appuyant sur un parapluie, même pas une vraie canne. Moi sa femme, j'ai bien du mal à vivre ce temps à Lourdes, à rentrer dans ce pèlerinage d'autant que nous sommes des électrons libres non rattachés à un groupe de pèlerins. Malgré mes efforts pour m'abandonner, je suis heurtée par la laideur de la ville, par ce béton. Je critique, je râle. Léonard ne s'en offusque pas. Il me connaît, il sait mon attachement à un environnement beau. Je suis heurtée aussi par tous ces malades. Je trouve cela trop dur.

« Mon Dieu, j'ai beaucoup souffert de maux qui ne me sont jamais arrivés. »

Je n'ai pas besoin d'imaginer très loin les pires maux. Ne peuvent se soustraire à mes yeux les visages et les corps tordus par la maladie, parfois muets mais avec une telle intensité de regard. Je ne réussis pas du tout à vivre le présent pendant ces quelques jours à Lourdes. Alors que je suis en prière devant la grotte, juste en face de la statue de la Vierge, Léonard patiente pour aller aux piscines. Il y a la file des hommes et celle des femmes. Deux heures après son départ pour les piscines, je le retrouve dans la queue. Il attend toujours. Enfin il entre dans le bâtiment. Et là, mon attente dure un temps interminable. Peut-être encore une heure. Je pensais qu'une fois entré dans le bâtiment des piscines, il ressortirait assez vite. Mais non ! Pendant cette attente, mon esprit gamberge. Au bout d'un moment je me dis : « Il est guéri peut-être ! C'est pourquoi cela dure si longtemps. Tout le monde vient le voir. » En mon for intérieur, je me dis que mon mari exagère, qu'il aurait quand même pu venir me retrouver tout de suite, moi sa femme ! Je sais bien que la chance de guérison est plus que minime, mais pourquoi ne serait-il pas guéri ? J'ai foi ! Notre fils Calixte demandait : « C'est quand que Jésus va te guérir ? » Je me mets à espérer très fort ce miracle, pour lequel nous sommes venus aussi, car nous sommes de chair et d'os, et que nous croyons à ces apparitions et à ces guérisons de Lourdes. La désillusion est brutale lorsque je vois ressortir enfin mon chéri, clopinant toujours.

Nous avions bien demandé, au nom de Jésus, le miracle, mais pour des raisons que nul ne peut ici-bas expliquer, cela n'a pas été tel que nous l'espérions. Moi, je ne suis pas révoltée mais seulement déçue. « Caramba, encore raté », me dis-je. Une prochaine fois peut-être ! Malgré la déception, notre confiance en Dieu n'est en rien altérée par cette épreuve de la maladie. Léonard non plus ne se rebelle pas de ce que le miracle n'arrive pas.

Cette attitude n'est pas surprenante au vu de son caractère. Lorsque je racontais à mon mari mes agacements devant tel ou tel, lorsque je débriefais suite à une situation, Léonard ne me suivait pas là-dedans. Il rigolait. Il n'était pas atteint par les petitesses car il connaissait la condition humaine, savait que l'on ne peut changer les gens. Léo ne critiquait pas, ne disait pas du mal, ne râlait ni ne se plaignait. C'en était parfois presque agaçant.

En proie à cette maladie grave, Léonard a la même réaction : il accepte, avec le sourire. Il sait qu'il ne peut rien faire de plus, il fait confiance aux médecins et s'en remet humblement à Dieu. Il sait que Dieu n'a pas voulu le mal, que Dieu n'a pas voulu la souffrance. Il sait qu'il est vain de chercher à tout comprendre. Comprendre pourquoi Dieu pourrait guérir mais ne le fait pas. Pourquoi il laisse faire. Il sait que tout concourt au bien de ceux qui aiment Dieu. Il m'exprime très clairement que sans ce mystère de la croix, de la souffrance, de la mort, la foi ne serait plus la foi, qu'il n'y aurait pas d'adhésion libre et volontaire de notre être. Nous savons que nous comprendrons lorsque nous serons entrés dans la Vie éternelle. La foi ne relève pas du domaine de la loterie. C'est un état d'esprit d'ouverture à l'Esprit. C'est ouvrir les mains pour recevoir tout de Dieu. Nous continuerons à demander le miracle de la guérison si telle est la volonté de Dieu. Car il nous dit de demander en son nom. Je ne laisserai pas tomber. Léonard non plus. Comme moi, il espère et demande le miracle pour lui comme pour tout malade.

C'est pourquoi Léo retourne encore à Lourdes en mai 2012. Un ami dévoué s'est offert pour l'accompagner et l'aider. Ensemble, ils vivent ce pèlerinage. Dans sa jeunesse, Léonard avait été brancardier à Lourdes. Aujourd'hui les rôles sont inversés. C'est lui, le patient. Il accepte ce rôle avec sa simplicité, son humilité habituelle.

L'année suivante, à la fin du mois d'avril, Léonard repart, pour la troisième fois, à Lourdes. Il est cette fois complètement intégré dans un groupe, dans une salle d'hôpital, avec d'autres malades. C'est un autre, un bon Samaritain inconnu, un Symon de Cyrène qui lui « défait sa sandale » et le mène à travers le sanctuaire. Léonard offre son sourire lumineux. Il transmet cette petite lumière de la foi qui vacille mais ne s'éteint pas. Plus que jamais, il se fait lumière du monde. Son sourire et son humour sont ses armes. Les témoignages sont nombreux : chacun en est touché, transpercé.

Léonard témoigne de l'importance de la vie sacramentelle pour nourrir sa foi. À Lourdes ou dans notre paroisse, il reçoit à plusieurs reprises le sacrement des malades. Car c'est bien un sacrement de vie, de compassion et de réconfort, de la présence de Dieu dans des moments d'épreuves. La célébration de ce sacrement consiste en une onction, sur le front, d'huile bénite et consacrée par l'évêque. Avec l'imposition des mains, l'onction rappelle l'attention et la tendresse de Jésus pour ses malades. Léo et moi, nous croyons que cette onction nous aide à accueillir l'action de l'Esprit Saint afin de recevoir les grâces visibles ou non de guérison. Elles peuvent être physiques mais aussi spirituelles. La paix et la joie sereines de Léonard sont les signes de ces grâces.

Dans la prière du soir, la voix des enfants s'unit pour demander la guérison et notre Calixte demande régulièrement : « C'est quand que Jésus va guérir papa ? » Les enfants appliquent sur le front, les mains, les pieds et le cœur de leur papa une huile – autre que celle de l'onction – rapportée par leur grande cousine de la chapelle de Notre-Dame du Laus. C'est là que la Vierge, apparue à Benoîte Rancurel, proposa de poser un acte de foi et de confiance en Dieu, en s'appliquant cette huile qui a brûlé devant la présence eucharistique de Jésus. Ce sont toujours des moments riches en émotions.

Bien sûr dans la prière et dans la foi, nous pouvons demander au Seigneur de « reprendre sa croix » : « Seigneur, la maladie, reprends-la s'il te plaît, je n'en veux pas. Au début ça allait encore, mais maintenant c'est devenu trop lourd, trop gros, trop inconfortable, trop, simplement trop. »

L'un comme l'autre nous savons que c'est par la croix que les pécheurs sont sauvés. Mais que cette croix est bien lourde ! Nous ne la désirons pas, ne l'espérons pas. Mais nous savons pourtant que c'est bien la nôtre, celle que notre Dieu permet que nous portions, en nous envoyant son Fils pour nous aider à la porter. Cette croix, je le sais bien aujourd'hui, est permise pour nous sanctifier. Dieu nous parle à travers elle.

Léonard, loin d'être désincarné, espère rencontrer le pape François pour recevoir pour lui et notre famille sa bénédiction. Il a besoin de soutien pour avancer dans le dépouillement, dans l'abandon, comme il l'exprime dans cette lettre à laquelle le Pape répondra favorablement :

Le 30 septembre 2013

Très Saint Père,

Sachant trouver en Votre Sainteté une âme accueillante et bienveillante et poussé par de graves circonstances, j'ose solliciter de Sa part une audience privée pour mon épouse, nos quatre jeunes enfants, moi-même et la famille amie qui nous accompagnera dans notre pèlerinage.

Lentement rongé par une Sclérose latérale amyotrophique, je sais en effet que les hommes ne peuvent rien pour moi et que seul le Christ peut sauver mon âme et, si telle est Sa volonté, guérir mon corps. Ma maladie est effectivement sans remède et depuis quatre ans qu'elle dure, elle laisse Mayalène, neuf ans, Gaétane, huit ans, Clémence, six ans, Calixte, bientôt cinq ans et leur mère Axelle entre le doute bien naturel et l'espérance surnaturelle d'une guérison. Soutenus par la prière de notre entourage, mon épouse et moi-même restons désemparés, mais pleins de confiance quand notre jeune fils demande : « Papa, c'est quand que Jésus va te guérir ? »

C'est sur ce chaotique chemin de foi qu'une bénédiction de la part de Votre Sainteté serait comme une étape pour moi et comme une boussole pour ma famille qui me perd un peu plus chaque jour.

Attirés par Votre Sainteté et Ses saints prédécesseurs, nous serons en pèlerinage à Rome du 28 au 31 octobre prochains où nous verrons Votre Sainteté en audience publique et, s'il plaît à Dieu et à Son Vicaire, en audience privée.

J'ai l'honneur d'être avec le plus profond respect, de Votre Sainteté, le très humble et dévoué serviteur.

Léonard

L'avancée de la maladie et la gastrostomie programmée en urgence ne nous permettront pas finalement de nous rendre à Rome et de répondre à cette invitation que nous avions suscitée. Un autre jour, peut-être !

Léonard, homme d'espérance

Que reste-t-il quand il n'y a plus d'espoir que la maladie stagne à un niveau « acceptable » ? Et que serait un niveau « acceptable » ? Où mettrions-nous le curseur si nous pouvions choisir ? Questions vaines car nous ne pouvons choisir entre ce qui est le pire ou le moins pire. Et de toute façon, nos différences de caractère font que pour Léonard et moi la conception du « pire » diffère.

La flamme des yeux de mon mari chancelle parfois sous le poids de la fatigue, mais elle est bien là. Son sourire est peut-être moins large mais il est là. Il ne peut plus porter ses enfants, nos enfants. Il ne peut plus jouer au foot ou jouer de la musique, ne peut plus bricoler avec ses mains ni beaucoup parler, il ne peut plus emmener les enfants à l'école comme il le faisait tous les matins. Calixte n'a que trois ans et demi lorsque son père prend place dans cet engin qui deviendra son quotidien. Léonard regarde ce qu'il peut encore faire.

Et, il n'y a alors plus qu'une seule chose à faire : entrer dans l'espérance.

Si notre espoir est que la maladie cesse d'évoluer d'elle-même ou avec l'aide de la médecine, l'espérance dans laquelle nous voulons entrer à pieds joints est celle d'obtenir et en effet de conserver la grâce du présent, la grâce des premiers instants après l'annonce du diagnostic. « Ma grâce te suffit », dit le Christ. Et quand nous ne trouvons plus les mots, nous reprenons ceux de sainte Thérèse : « Peu m'importe si l'avenir est sombre, te prier pour demain, je ne le puis. Rien que pour aujourd'hui ! » Ces paroles rejoignent celles de l'acte d'espérance que nous disons bien souvent lors de la prière :

« Mon Dieu, j'espère fermement que Vous nous donnerez par les mérites de Jésus Christ Votre grâce en ce monde et le bonheur éternel dans l'autre parce que Vous nous l'avez promis et que Vous tenez toujours Vos promesses. »

C'est cela notre espérance et notre joie : avoir la grâce pour continuer à garder les habitudes qui rassurent et structurent, qui plaisent aussi, et les conjuguer avec ces petits défis du quotidien comme ceux de nos week-ends et de nos vacances. C'est pourquoi Léonard travaille pendant plus de deux ans et demi avec la maladie.

Léonard s'affirme de façon édifiante en acceptant sa maladie avec une humilité, un abandon non feints, en même temps qu'une foi, une espérance en Dieu et un profond amour de la vie. Il espère toujours la guérison ou du moins la stagnation de la SLA. Cet espoir de guérison est bien naturel. Mais quand la guérison ne vient pas, peut-on encore croire au bonheur ? Léonard en est le témoin et je réponds oui avec lui. Même si c'est un bonheur différent de celui imaginé, prévu par nous au départ. Nous avions conçu notre schéma du bonheur : pleine santé pour tous les membres de notre cellule familiale, travail épanouissant, ouverture à l'étranger, pas de problème d'argent, famille aimante, vacances agréables avec des proches ou entre nous six. Avec la SLA ? une partie de ce beau schéma idéal s'écroule bien sûr.

Et pourtant, le bonheur reste possible. Il reste à construire. À refaire, tous les jours. Patiemment. Immanquablement. Oui, le bonheur est un choix. Courons ce risque d'être heureux au présent, si nous voulons préserver notre joie et notre bonheur. Le nôtre en tant qu'homme, que femme, que couple, et celui de nos quatre enfants, de Mayalène, de Gaétane, de Clémence et de Calixte. Recevons la grâce de continuer jour après jour à sourire à nos enfants, de continuer à vivre, à vivre le meilleur, à donner le meilleur, à être heureux, à avancer dans ces eaux profondes, inconnues, mystérieuses.

Ici et maintenant.

Les maux avec lesquels nous devons lutter sont insidieux, sournois. Ce sont des combats presque perdus d'avance. « Presque », cela signifie dix petits pour cent de chances que la maladie s'arrête ! Quel est alors notre combat ? De rester en vie le plus longtemps possible peut-être car nous avons soif de vie. Mais surtout de garder la paix et la joie.

Il n'en demeure pas moins que nous sommes éprouvés, parfois agacés, souvent fatigués. L'existence au quotidien est parfois difficile, pénible malgré la joie profonde et la paix qui descendent sur nous.

Un soir, je demande à Léo : « Si tu guéris, que fait-on ? » Je le provoque un brin : « Nous faisons le tour du monde ? » Mon bien-aimé me répond avec sa douceur tendre cette parole qu'au fond de moi-même j'attendais : « Si je guéris ? Eh bien, on continue ! Et si je ne guéris pas ? Eh bien, on continue aussi ! » Ces propos ont habité Léonard. Ils deviennent un peu comme son testament. Il nous lègue en héritage cette promesse vécue humblement pas à pas :

« Si je guéris ? Eh bien, on continue !
Et si je ne guéris pas ? Eh bien, on continue aussi ! »

Léonard me confie que c'est pour moi qu'il demande la grâce d'état pour supporter ce qui est envoyé. Je suis touchée qu'il me dise prier avant tout pour moi, sa femme. Je reconnais encore une fois les signes de sa générosité. En effet, je veux témoigner qu'il est entré dans cet état de grâce. Léonard a reçu pleinement la grâce de l'abandon. Quand la maladie, loin de s'enrayer, s'emballe, il accepte. Il vit ces derniers mois au présent en espérant toujours la stagnation mais en acceptant l'issue, quelle qu'elle soit. Par son humble acceptation, par son obéissance au Père, Léo glorifie Dieu. Humilié, dépouillé, recroquevillé, mais debout en esprit. Enchaîné dans son fauteuil, dépendant pour tout mais d'une liberté d'âme quasi totale, d'une joie, d'une espérance quasiment intactes.

Léonard ménage ses forces par des temps de calme mais puise aussi son énergie dans la rencontre de beaucoup de ses amis et des membres de nos familles.

Une à deux fois par semaine, à partir de son arrêt maladie en avril 2012, Léonard déjeune avec de la famille ou des amis. Il arpente – parfois en présence de sa mère, infatigable marcheuse, qui l'escorte et l'assiste – les rues du quartier, voire des communes environnantes et fait de nombreux kilomètres, jusqu'à en épuiser la batterie de son fauteuil. Parfois il part seul, en RER. Il est vite connu des agents de la RATP. Quand ils le voient arriver, ils l'accompagnent en tête de RER et installent pour lui une rampe qui permet l'accès au wagon. Léonard est heureux aussi de cette autonomie. Ainsi, il retrouve des amis pour peu que le lieu des retrouvailles soit accessible en fauteuil. Quand il le peut, il va chercher nos enfants à l'école. Petits et grands ont alors le cœur en fête.

Léonard valide est « l'homme qui n'a jamais froid ». Même par un froid mordant, il ne sort qu'en chemise et veste. Il lance son habituelle plaisanterie sur sa résistance au froid en affirmant qu'il est fait de poly-alliages métalliques. En endossant la SLA, il s'est affublé de multiples épaisseurs et semble déguisé. Bonnet, écharpe, manteau, gants, couverture polaire englobant les jambes et cousue sur mesure par sa mère, manteau, tout y passe ! Il me lance tout de même sa blague sur son poly-alliage en désignant ce stimulateur phrénique qui lui sort du ventre. Léonard s'adapte, s'équipe pour continuer à se promener, à saisir chaque occasion de vivre une rencontre, de se réjouir.

Durant ces quatre années de maladie, nous continuons à dîner chez nos fidèles amis et dans notre famille, à parcourir la France pour marier frère ou sœur ou encore pour passer avec les uns ou les autres un temps de vacances. Le rythme se ralentit les derniers mois en raison de l'atteinte bulbaire mais Léonard est toujours heureux de rencontrer l'autre. Dans toutes les régions de France, Léo sème son sourire sur les chemins sinueux où nous passons. Il s'estime si chanceux d'être là, ici et maintenant, entourés de nos amis, de sa famille. À son école, je regarde le verre à moitié plein.

Comme nous nous enlisions parfois au Gabon, avec notre 4×4, dans la boue ou dans le sable, Léonard s'enlise avec son fauteuil dans le sable breton. Les fois suivantes, nous utiliserons des fauteuils de plage à trois roues, mis gratuitement à la disposition des handicapés. Cela permet à Léonard de se baigner un peu. Comme il a vite froid dans l'eau, nous devons faire attention à ce qu'il ne brûle pas des calories chèrement acquises. Ce fauteuil à trois roues nous permet de «marcher ensemble» le long de l'eau, sans nous ensabler, et de regarder nos enfants s'ébrouer dans les vagues ou escalader les rochers.

Parfois, c'est une roue qui patine dans le vide lorsque Léonard tente de monter des dénivelés broussailleux, ou même tout simplement la rampe qui mène à la voiture adaptée. Les fous rires viennent. Parfois les cris aussi. C'est la vie. Elle continue.

C'est dans une petite station enneigée des Alpes que j'installe un jour mon chéri dans une grosse bouée destinée à des descentes sur des pistes de bobsleigh mais certainement pas aux pistes de luge. Je tire ou pousse selon le sens de la pente. On me laisse faire. Je suis bien consciente que j'aurais eu une brigade du personnel de la station si je l'avais fait avec une personne valide : « Interdit. Trop dangereux ! Vous ne vous rendez pas compte ! »

Oh oui, le bonheur est un risque à courir. Et nous voulons le courir. Aujourd'hui. Surtout sans penser à demain. Car c'est pour aujourd'hui que nous avons besoin de force, de la grâce divine qui permet d'avancer en souriant.

Car nous ne savons pas s'il y aura un lendemain et nous ne voulons pas y penser. Le moins possible. C'est cela la vie que nous voulons vivre. Vivre l'espérance, c'est vivre l'instant présent. Saisir la grâce de ces bons moments, où les enfants nous entraînent dans leurs danses, leurs jeux, où nous admirons leurs prouesses, ces minutes d'éternité où le vent nous caresse, où la lumière vers dix-huit heures baisse en intensité et gagne en couleurs, ces moments partagés. Quand on n'est pas concerné par la maladie, on sait tout cela. On le sait mais on a du mal à le vivre. Quand on est touché par la maladie, le handicap, c'est plus facile. On n'a plus trop le choix. Le rapport au temps n'est plus le même. On se recentre sur l'essentiel, l'invisible.

Nous pouvons râler sur ce qu'il reste à faire pour les « personnes à mobilité réduite » en termes d'accessibilité, force est de reconnaître que beaucoup de choses ont été entreprises ces dernières années.

Je pense que le film *Intouchables* a beaucoup aidé à dédramatiser le handicap, à rendre plus familiers les handicapés. Ces derniers qui peuvent aussi rire et ne pas seulement pleurer. Quant à ces larmes, elles sèchent un peu plus vite à mesure que se lèvent de plus en plus d'hommes et de femmes pour accompagner la solitude des handicapés.

Un soir, alors que nous nous promenons dans une petite ville bretonne, nous sommes hélés par un homme, ancien handicapé. Il offre de nous emmener en virée sur son grand voilier. Nous n'avions jamais imaginé pouvoir profiter des joies de la navigation à voile tous ensemble. Malheureusement, nous devons décliner l'invitation car nous repartons le lendemain. Mais notre cœur déborde de reconnaissance. Sans rien demander, des gens viennent à nous pour nous permettre ces petits grains de folie qui autorisent la vie normale.

Au début du mois de juillet 2012, nous fêtons avec les enfants nos neuf ans de mariage. Je tente d'enfiler ma robe de mariée… Il semble que c'est moi qui ai pris les kilos perdus par Léonard. Tant pis ! Nous mettons les petits plats dans les grands et nous dansons tous ensemble. La musique met la maladie à la porte du salon pour quelques minutes ! Neuf ans déjà et tant d'aventures vécues ensemble.

« On continue », me dit Léonard. Oui, on continue. Le lendemain, nous partons tous les deux gravir les montagnes autrichiennes. En avion, en voiture, en fauteuil, à pied. Mais main dans la main en tout cas. Notre fatigue s'évanouit. Nous prenons du temps pour nous, à nous occuper exclusivement l'un de l'autre. Après une escapade à Vienne, nous prenons la route de la Carinthie, une province autrichienne, limitrophe du Tyrol, de l'Italie et de la Slovénie. Douceur de ces quelques jours au bord d'un lac surplombé par les Alpes.

En janvier 2013, nous partons, avec mes parents, nous promener à Paris. Il fait très froid et il a même gelé. Nous arpentons les Tuileries. Parfois de grosses plaques de verglas nous offrent l'occasion de joyeuses glissades. J'attrape les poignées du fauteuil de Léo et me laisse glisser en chantant. Mais la voiturette de Léonard fait une embardée sur le verglas. Je chute, le souffle coupé, sans doute des côtes cassées ou fêlées... Mes presque deux fois vingt ans me rattrapent.

Peu après, Léonard et moi emmenons les enfants à la montagne. Une autre cousine s'est proposée de nous prêter son chalet. Nous acceptons. Nous y retrouvons des amis. Comme Léonard aimait beaucoup le ski, je lui avais proposé de tenter quelques descentes en tandem. Il avait accepté de jouer le jeu, aussi avais-je réservé de longue date ces promenades. Juché dans un fauteuil monté sur skis et conduit par un moniteur habilité, il retrouve des sensations de vitesse oubliées. Le moniteur manie si vite le fauteuil que les amis peinent à les suivre. Sur ces sommets savoyards, nous nous rejoignons tous le temps d'un verre que Léonard déguste à la paille. Il en fait un nouveau prétexte à plaisanterie.

Nous tenterons, pendant ces mêmes vacances la promenade en traîneau conduit par des chiens. L'expérience est peu confortable. Lorsque les chiens s'immobilisent, Léonard m'avoue être bien content que cela s'arrête, même s'il a pu goûter la nouveauté de l'aventure ainsi que la beauté des paysages.

Pendant l'été 2013, en Provence, trois mois avant sa mort, il participe en riant à un arrosage collectif à coup de bombes à eau et de jets d'eau. Il tente aussi quelques baignades dans des piscines. Il encourage les premières brasses de Clémence ou assiste aux saltos de Calixte avec fierté. Lorsque la chaleur se fait trop accablante, il se replie à l'intérieur pour des parties de Scrabble avec l'ordinateur ou en réseau. Léonard, depuis son fauteuil, assiste au spectacle des enfants sur la pelouse, participe aux courses de vélos, se prête de bonne grâce aux apprentis photographes au milieu des meules de foin. Il tient les récipients sur ses genoux lors des cueillettes de mûres. Il endosse le rôle d'arbitre de joutes navales en se laissant porter jusque dans une barque au milieu d'un étang.

Parfois nous disons la prière tous ensemble, famille et amis autour du serviteur souffrant qu'est Léonard. Lorsque, un an avant sa mort, nous entonnons un chant de louange, dans notre jardin, au milieu d'une centaine d'amis et de parents réunis pour fêter les quarante ans de Léo et nos cent ans à nous six, quelle émotion et quelle joie !

Depuis toujours, Léonard savait, espérait au plus profond de lui-même qu'il serait père un jour.

Dans l'épreuve de la maladie, beaucoup d'abandons ont été faits par Léo dans l'instant. Sans regret exprimé. Il n'en est pas de même avec la difficulté à assumer son autorité paternelle. Lorsque nous allons dans la chambre de Marthe Robin, Léonard confie dans la prière la difficulté douloureuse de ne plus pouvoir assumer comme il le voudrait son rôle de père. Il n'y renonce pas, bien sûr, mais réalise à quel point l'autorité est incarnée. Si l'on ne peut plus bouger et que la parole est difficile, comment être présent à ses enfants, assumer son rôle de père et d'éducateur ? C'est une vraie question. Comment encourager avec bienveillance, comment exprimer l'exigence ?

Il souffre aussi beaucoup lorsque certains, tout en voulant bien faire, empiètent sur son autorité paternelle. Pour moi aussi, la tentation est grande de prendre le pas sur l'autorité de Léonard, pour aller plus vite, parce que les enfants ont pris l'habitude de s'adresser à moi plus souvent qu'à leur père, et aussi parfois peut-être pour ne pas entendre cette voix brisée qui me submerge d'émotion.

Léonard ne peut plus faire ce qu'il aimerait faire avec ses enfants. Mais il fait ce qu'il peut pour rester un père vigilant et responsable, présent à sa façon. Il ne peut plus être dans l'agir, dans l'action, ou même la parole. Alors il tente d'être. D'être là.

Les enfants jouent souvent au Memory avec lui. Valide, il joue souvent avec un petit Memory en bois peint, réalisé pendant nos années au Gabon. Malade, il continue. Léonard est dans son fauteuil, une canne à la main. L'enfant prend la canne et désigne les cartes de bois à retourner. Léo répond par son frêle oui ou non, hoche la tête, pétille des yeux, qu'il gagne ou perde. Il saisit l'instant.

Ici et maintenant.

Il saisit la grâce de ces instants avec les enfants. Lorsqu'ils rentrent de l'école, ils trouvent souvent leur père devant un écran. Ils grimpent sur ses genoux, font des parties de jeux sur l'ordinateur. Léonard leur montre des images, des vidéos, des photos, et leur fait découvrir des pays, des animaux, des histoires ou que sais-je encore.

Ils jouent aussi à la « bagarre de têtes », jeu de leur invention. L'enfant colle son front à celui de son père et pousse. Léonard tente de résister. Parfois l'enfant, bon joueur, fait semblant de perdre ! Léo saisit l'essence de ces moments, happe la grâce de chaque instant et les dépose dans sa boîte à trésors. Ces trésors-là, il pourra les emporter au ciel.

Parfois Léonard, pris dans sa partie de Scrabble ne fait pas assez attention aux enfants. Il le regrette ensuite.

Au début du mois d'octobre 2013, quelques semaines avant sa mort, nous allons ramasser des châtaignes avec des amis après avoir déjeuné chez eux. Nous pénétrons jusqu'à l'orée des bois. Léo est là. Il admire les butins ramassés par chacun. Il est là. Physiquement. Présent à chacun. Goûtant le rayon de soleil de l'automne. Heureux. En rentrant, il roule longuement sur les pavés pour nettoyer son fauteuil plein de boue. Il met aussi les enfants à contribution pour qu'ils l'aident à rendre à peu près propres les roues de sa voiturette. Il se montre soucieux de m'éviter du travail supplémentaire, et sans doute s'éviter de m'entendre râler !

Il ne vit pas ses derniers mois dans une bulle. Il interroge les enfants sur leur journée, se réjouit de leurs récits, de leurs facéties. Souvent, il me regarde avec émotion, reconnaissance, avec un tel sentiment d'avoir bien réussi nos petits !

Lorsque notre fille aînée part en camp scout, il lui envoie quelques mots tapés à l'ordinateur. Lettre débordante d'humour et d'amour d'un père attentif à son enfant.

Le 8 juillet 2013

Ma chère Mayou,

Ça fait longtemps que je n'ai pas écrit aussi proprement à la main, il doit y avoir un truc. J'ai été enchanté de pouvoir voir ton camp où j'espère que tu te donneras à fond, loin de tes livres, de la famille et de l'iPad ! Profite de tes vacances pour avoir un esprit sain dans un corps sain et tu reviendras prête pour le CM2, la classe des plus grands.

Reviens-nous pleine de joie et de santé, je t'embrasse.

Ton papa qui t'aime jusqu'au ciel.

Il continue.

Il continue à aller de l'avant.

Il continue à les aimer. Il continue à aimer les instants qu'il passe avec eux.

Il continue à être. À être leur père.

Il ne se détourne pas d'eux !

Les derniers mois, je remarque qu'il choisit habilement les mots qu'il peut prononcer. Quand le corps ne répond plus qu'avec peine, la communication devient surtout non verbale.

Il ne peut plus poser la main sur l'épaule ou lever le bras en signe de victoire, alors il hoche la tête. Il ne peut plus exprimer son encouragement par des mots, il sourit, dit sa fierté avec son regard. Les enfants apprennent vite à lire dans les yeux.

Quand Léonard les poursuit, assis dans sa Formule 1 qui peut atteindre les 20 km/h, ils savent qu'ils ont dépassé les bornes. Maligne, Clémence peut se réfugier dans l'escalier et braver son père. Léonard prend la chose avec humour. Qu'elle est futée cette petite fille du haut de ses cinq ans ! Il est si fier de ses enfants.

Valide, Léonard ne s'énervait jamais. Devenu très malade, il supporte difficilement les désobéissances des enfants. Un soir du mois de septembre 2013, je dois m'échapper quelques instants pour faire des courses. Clémence refuse d'obtempérer à ma demande de rester dans la maison et de ne pas me suivre à l'extérieur. Cette fois, Léonard ne rigole pas. Lui qui parle difficilement à ce moment-là, lui crie, de sa voix malade, d'obéir. Sans succès. La persévérance de Clémence résiste à l'injonction paternelle. Léonard, paralysé, ne peut rien faire d'autre que de manier son joystick de fauteuil. Il ferme la porte d'entrée en la poussant depuis son fauteuil électrique. Mais il n'a pas vu le bras de Clémence resté dans l'embrasure. Le poignet tout fin de Clémence est cassé, heureusement sans gravité. Léonard en est désolé, furieux contre sa fille et contre lui-même. Moi-même, je suis furieuse contre lui. À mon corps défendant, je leur en veux. À ma fille autant qu'à mon mari. J'ai besoin de renouer le contact, le dialogue par une démarche de pardon.

Léonard a affiché un clavier sur l'écran. Les derniers mois, il a besoin de moi pour lui poser la main sur la souris de l'ordinateur mais une fois qu'elle est bien calée, il peut la bouger un peu et a encore de la mobilité dans deux doigts, ce qui lui permet de cliquer sur les lettres qu'il choisit. Certes, à vitesse réduite ! Léonard ne peut plus tenir un journal dans les mains, mais grâce à la Toile, il peut aussi continuer à lire, à s'informer, à rester en contact avec le réel, les *news*. Béni soit l'ordinateur et plus spécialement Internet. Grâce à cela, Léonard reste en lien et continue à s'intéresser au sort du monde, de son pays, de sa société, de sa famille et de ses amis. Un jour que je lui demandais quelles étaient les personnes qu'il admirait le plus, il m'avait répondu s'émerveiller devant les journalistes indépendants. Devenu prisonnier de son corps, Léonard attache toujours plus de prix à la liberté de penser.

Alors qu'il ne peut plus travailler pour son entreprise, Léonard s'essaie à m'aider un peu dans mon travail en m'apportant son expertise informatique.

Généreux, il l'est aussi avec son temps, plus précieux que pour tout autre, et son énergie pourtant bien diminuée. Sa douceur, sa tendresse me bouleversent et me transforment.

Léonard passe aussi beaucoup de temps à jouer en ligne. Il choisit des adversaires de son niveau et prend un grand plaisir à ces jeux de l'esprit. Ses jeux favoris sont des jeux de chiffres et de lettres. Il est imbattable au Boggle, champion au Scrabble. Il fait les mots croisés de Laclos en une vitesse record quand je ne trouve pas un seul mot. Rien, nada, epsilon ! « Question d'habitude », me dit-il. Plutôt, vue de l'esprit, manière de penser. Aux jeux de chiffres, il est presque aussi doué. Il ne va pas jusqu'à rajouter des identités remarquables aux livres qui les mentionnent, comme le faisait son père, mais il défierait les champions du calcul mental plus qu'honorablement. Avant sa maladie, il n'avait jamais voulu que je l'inscrive au jeu télévisé *Des chiffres et des lettres*. Il n'aime pas être sur le devant de la scène.

Parfois pourtant l'ordinateur nous éloigne l'un de l'autre. Il y a des moments où nous sommes tous deux occupés devant notre écran. Deux écrans, deux mondes différents. Je travaille, très concentrée. Je réalise pleinement que je suis peut-être en train de passer à côté des derniers mois de Léonard. Que je pourrais profiter de ces moments de calme pour être complètement avec lui. Mais malgré tout, ces heures à travailler me sont indispensables. Ce travail n'est pas une échappatoire, c'est un besoin essentiel. Besoin de créer, d'entreprendre, d'accomplir et besoin d'avoir mon espace et un peu de temps sans Léonard. Léo et moi, sans être un couple fusionnel, formions un couple très proche. Nous aimions être l'un avec l'autre, être ensemble. Les séparations lorsqu'il partait travailler sur ses chantiers pétroliers étaient vécues douloureusement. Avec sa maladie et nos enfants, tous deux chronophages, mon besoin d'avoir mon «espace vital» à moi, rien qu'à moi, s'affermit. Je suis soulagée quand sa mère ou d'autres proches emmènent Léonard quelques heures. Je le sais entre de bonnes mains. Et je suis bien heureuse de le voir rentrer enchanté de sa journée.

Léonard, dans tout ce quotidien qu'il veut le plus «normal», le plus simple possible, ne perd pas de vue l'essentiel:

l'entrée au ciel. Il en est convaincu, c'est le but ultime du chrétien que de pouvoir un jour contempler la gloire de Dieu. C'est là sa foi, sa joie, son espérance, ultimes et entremêlées.

Léonard, homme de charité

Notre vie change avec la maladie. Certes, il y a des renoncements, des deuils de certains projets comme le fait de vivre parfois à l'étranger et rencontrer d'autres cultures, des choix à faire, des priorités à recentrer. Mais plus encore que ceci, notre difficulté au quotidien est que je sois sollicitée de toutes parts au fur et à mesure que la maladie progresse : soins, toilette et repas auprès de Léonard, administratif non négligeable, tenue de la maison, du jardin, entretien de la voiture, inévitables courses, repas et conduites, présence auprès des enfants après l'école, sans oublier mes propres formations et création professionnelles. Léonard est confronté à la dépendance. Et moi aussi, je suis confrontée à mes propres limites : celle de ne pas être *Superwoman* qui pourrait tout concilier de front. Tous deux des créatures limitées, assoiffées de bonheur, de liberté, d'amour. Nous faisons ce que nous pouvons, tentons de trouver le juste milieu entre l'appel à l'aide et le respect de notre intimité.

Nous aimerions rester libres et indépendants, mais la maladie, implacable, et nos quatre jeunes enfants nous submergent parfois. Le moment arrive où nous ne pouvons plus tout gérer seuls. Léonard fait face le plus longtemps possible, pour ne pas être à charge, ne pas être dépendant. Jusqu'en avril 2012, jusqu'à ce qu'il arrête de travailler et qu'il soit cloué dans ce fauteuil, Léonard sollicite peu d'aide extérieure en dehors de la mienne. Il fait le maximum tout seul. Mais lorsque la maladie s'aggrave fortement, au bout de deux ans, nous avons besoin d'aide matérielle, de soutien, d'une aide concrète autant que discrète. Nous ne voulons pas solliciter systématiquement toujours les mêmes, à commencer par nos parents déjà bien présents et mis à rude épreuve.

Je l'incite à demander de l'aide. Simplement. Sans fards ni détours.

Deux ans après les prémices de la maladie, Léonard accepte alors de recevoir l'aumône de cette aide. Lorsqu'il n'a plus le choix, lorsqu'il est gagné par la paralysie, Léonard se laisse faire et entre dans l'abandon avec cette confiance désarmante qui lui fut propre. Il lâche cette volonté d'être indépendant, autonome, pour accepter la dépendance. Ceux qui voudraient bien aider et n'osent le proposer de peur d'être intrusifs, Léo les libère par son sourire bienveillant. Et de son regard dans lequel on peut lire « n'aie pas peur », il se laisse aimer par ceux qui sont prêts à aimer. Ce n'est certes pas facile d'aider un grand malade mais, avant tout, ce n'est pas facile d'être devenu dépendant et de devoir être aidé. Cela peut être humiliant. Ou bien l'on peut se sentir redevable. Il peut y avoir des paroles qui blessent, des absences qui surprennent et des silences qui déçoivent.

Léonard dépasse cela. Il ne se laisse pas atteindre par ceux qui pourraient le blesser. Il fixe son regard sur ce qui est beau. Il est malgré tout bien conscient de la difficulté pour les proches d'être présents sans être intrusifs ou maladroits.

Voici ce qu'il écrit pour demander de l'aide à nos amis et à notre famille :

Chère famille et amis,

Ce mail se veut une réponse à la question que nous avons entendue plusieurs fois sans toujours être précis dans notre façon de répondre : « Que peut-on faire pour vous aider ? »

Vos impôts, pour ceux qui ont la chance d'en payer, nous aident déjà beaucoup grâce à l'auxiliaire de vie qu'ils nous permettent de financer le matin et le soir. Mais à midi et le week-end, nous sommes en autarcie et Axelle passe beaucoup de temps et d'énergie à me faire déjeuner, en plus de nos adorables terroristes enfants.

Comme l'homme ne se nourrit pas seulement de toute parole sortant de la bouche de Dieu mais aussi de pain, je propose aux bonnes volontés de la soulager en m'aidant à déjeuner le vendredi midi.

Concrètement, je peux rejoindre l'heureux(se) volontaire chez lui ou dans un restaurant pour peu que ce soit dans un rayon de quelques kilomètres autour de chez nous ou d'une station du RER et qu'il n'y ait pas de marche. Le job consiste ensuite à rejouer Intouchables *en me donnant la becquée.*

Merci beaucoup par avance à ceux qui se laisseront tenter par l'aventure.

Afin de gérer le planning, vous pouvez vous inscrire sur le doodle *suivant.*

Léonard

On y retrouve son humour bien sûr mais aussi sa générosité, son amour pour moi et enfin cette charité d'un homme qui se laisse aimer, rejoindre dans cette maladie qu'il regarde avec ce mélange de détachement et de lucidité.

Je sollicite : « Demandez-nous ce dont nous avons besoin, comme parole, comme action, sans forcément chercher à vous mettre à notre place. »

En effet, parfois, nous avons besoin que l'on pleure avec nous. Parfois nous avons besoin d'une attention, d'une considération. Parfois nous avons besoin que l'on ait besoin de nous, que l'on fasse appel à nous. Nous n'avons pas le monopole de la souffrance, et sommes prêts à entendre celle des autres. Certains sont tentés de nous épargner en taisant leurs propres soucis. Cela risque de nous mettre encore plus à l'écart, de nous isoler, nous ostraciser.

Souvent, nous avons besoin d'une aide matérielle pour faire face dans notre quotidien : conduites, courses, repas pourraient être bienvenus.

Et toujours, nous avons besoin d'être écoutés et non pas forcément d'être compris. Car nul ne peut comprendre, et pas même nous. Toujours, nous avons besoin de rire et de facéties, de participer à la joie des autres, voire d'y contribuer. Certains, à tort, n'osent plus nous souhaiter une bonne année.

Nous avons besoin que notre entourage n'ait pas peur. Qu'il n'ait pas peur de notre souffrance, de nos larmes, de la mort.

Certains entendent, voire devancent, notre appel. Qu'ils soient au départ connus ou non, ils deviennent ces très proches qui nous rejoignent dans notre épreuve par des actes du quotidien qui réchauffent.

Comment ne pas être touchés par tous ceux qui, famille et amis, prennent sur leur temps de vacances pour nous aider gratuitement, généreusement ? Pour nous permettre de continuer à vivre une vie normale, il y a ceux qui nous invitent tous les six, le temps d'une journée, d'une soirée, d'un week-end ou ceux qui passent des vacances avec nous. Ils n'ont pas peur, pas trop peur sans doute. Ils n'ont pas peur de nos larmes, de notre souffrance. Ils nous permettent de sortir de la solitude dans laquelle la maladie pourrait nous enfermer. Ils acceptent nos enfants. J'oserai l'euphémisme pour dire que ceux-ci sont vifs. Spécialement toniques en fait. Mais des proches, parents, famille et amis, acceptent malgré tout de prendre sur leur temps de repos pour vivre des moments avec nous, pour nous recevoir et nous aider. Certains prennent en charge les courses et la cuisine, d'autres officient comme auxiliaire de vie auprès de Léonard, d'autres développent des trésors d'ingéniosité pour offrir activités et jeux, chacun participe pour le bien commun. Certains cumulent aussi toutes ces charges.

Comment ne pas être touchés par ceux qui invitent les enfants pour que nous puissions souffler quelques heures et même prendre quelques jours en amoureux ? Ou par cet ami qui nous aide à financer le véhicule adapté au fauteuil électrique et assez grand pour toute notre famille ? Ou encore par ceux qui nous prêtent leur maison pour nous procurer les haltes rafraîchissantes et reposantes dont nous aurons besoin ?

Comment ne pas être touchés par cet enfant – inconnu – qui se prive de ses chocolats de Pâques pour les offrir à nos enfants qu'il avait repérés à la messe ? Comment ne pas être touchés par ces grands-mères qui prennent une journée par semaine pour cuisiner pour nous les soupes maison, les plats, les glaces à la fraise et autres friandises dont nous sommes gourmands ? Pour nous qu'au départ elles connaissaient à peine, mais que par leur attention à la communauté paroissiale elles ont pu aider ? D'un point de vue logistique, je suis bien heureuse d'écourter le temps des courses, de conception et d'élaboration des repas pour toute la famille.

Il y a aussi parfois les mots doux, les cadeaux déposés à notre porte, le pain frais le matin, des chocolats, des fleurs. Anonymes ou non, ces cadeaux nous permettent de continuer à avancer, de savoir que nous ne sommes pas seuls.

Oui, comment ne pas être touchés par ceux qui offrent tant d'eux-mêmes ? Comment ne pas être émerveillés par les quelques-uns qui s'occupent de Léonard avec une joie, un amour débordants ?

Ainsi, l'un de nos amis qui nous avait accompagnés durant cette semaine à la montagne en février 2013 écrit à Léonard à son retour de vacances :

Mon cher Léonard,

Cette semaine à la montagne a été pour moi l'occasion de découvrir la profonde fragilité de l'homme mais également la grandeur de son humanité.

Profonde fragilité car ta maladie t'atteint dans ce que nous avons apparemment de plus indispensable la capacité à réaliser les gestes de la vie quotidienne.

Grandeur de l'humanité, car malgré le scandale de cette incapacité à réaliser ces gestes, tu as conservé, non seulement la dignité de l'homme debout, mais également le rayonnement du cœur et de l'esprit.

La première chose qui me frappe après ces quelques jours passés ensemble, c'est la joie que nous avions d'être à tes côtés. Joie, sans doute au début inspirée par un sincère bon sentiment de notre part, mais joie animée ensuite par le rayonnement de ta joie profonde.

Comment ne pas s'émerveiller devant un Léonard qui, diminué physiquement, conserve cette flamme intérieure, cet humour joyeux, cette immense distance par rapport à une maladie omniprésente et qui s'aggrave ? Comment ne pas s'interroger sur ce que cela signifie ? L'homme est plus grand que sa maladie, l'homme est plus grand que la mort qui l'attend, car l'homme est animé par un trésor qui transcende tout cela. Quel mystère insondable, tu nous as donnés de vivre ainsi durant cette bien petite semaine.

Tu sais, Léonard, sois assuré que, aujourd'hui, l'intolérable de ta maladie a déjà produit des fruits bien plus grands que ceux que l'on peut imaginer.

La deuxième image, c'est, bien sûr, celle d'une Axelle si volontaire, si fonceuse, tellement consciente de la gravité de la situation qu'elle décide de faire front avec ses moyens humains mais avec des ressources insoupçonnées.

Merci de nous avoir donnés de vivre à vos côtés cette joie profonde et de contempler, à chaque instant l'icône qui révèle, au-delà de cette vie inextricable, le mutuel amour conjugal total.

Merci à vous deux

Votre ami

Cet ami s'est révélé d'une aide, d'une attention aussi efficace que toujours discrète, d'une bonté rare pendant ces vacances.

« Ce n'est que pour ton amour que les pauvres te pardonneront le pain que tu leur donnes ! »

Avec cet ami comme avec quelques autres proches, il est si facile d'accepter d'être aidé, de pardonner de devoir être aidé, tant l'amour est présent.

L'émerveillement entre les deux amis complices est mutuel et voici ce que Léonard lui répond :

Bien cher ami,

Ton mail comme tes gestes pendant toute la semaine m'ont énormément ému. Peu nombreuses, pour ne pas dire inexistantes, sont les personnes capables d'en faire autant. Découvrir cela est peut-être un des fruits dont tu parlais (mais le jeu en vaut-il la chandelle ? Celui qui a la réponse a les clés du « mystère insondable »).

Que tu me dises merci alors que sans toi nous n'aurions pas pu aller au ski est un autre fruit mystérieux de toute cette histoire.

Encore merci à toi et à ta femme pour cette semaine et à bientôt,

Léonard

Léo qui s'est fait charité s'émeut et s'émerveille devant la charité d'un autre, devant les fruits que l'autre lui assure voir depuis cette terrible maladie. La phrase que Léo met ici entre parenthèses : « Mais le jeu en vaut-il la chandelle ? Celui qui a la réponse a les clés du mystère insondable » me touche beaucoup. La forme interrogative qu'il emploie interpelle, tout comme le mot «jeu». Il pose la question : cela vaut-il le coup de devoir être si malade pour découvrir la charité ? Léonard n'a pas employé la forme négative. Il s'interroge, avec tant d'humanité et d'humilité.

Léonard accepte de ne pas comprendre le mystère insondable de la souffrance, de ne pouvoir répondre et de s'en remettre en toute confiance au ciel. Peut-être Léo entend-il aussi par «mystère insondable» ce qu'est Dieu, qu'il ne pourra pleinement comprendre qu'en le contemplant.

C'est étonnant comme quelques-uns peuvent nous venir en aide facilement et gentiment. C'est rassurant, réconfortant aussi. Nous sommes parfois stupéfaits et reconnaissants, l'objet d'un dévouement qui nous laisse pantois.

Avec la dépendance de Léonard, nous nous rendons compte que certaines personnes de notre entourage sont heureuses d'aider, de faire une bonne action. C'est qu'elles reçoivent tant auprès de Léonard ! C'est lui, le serviteur souffrant de Jésus Christ, c'est lui l'icône de ce Christ montant au Calvaire et il nous permet d'être à son service. Il nous permet de nous dépasser, en le nourrissant, en lui enlevant ses chaussures, en l'aidant jusque dans les situations les plus inconfortables, en le lavant. Certains recherchent la compagnie de Léonard pour s'imprégner de sa douceur, se laisser illuminer par ce sourire, cette joie qui l'anime. C'est lui qui rassure ceux qui le regarderaient avec une pensée triste. Léo est là, présent à tous, sans repli ni désespérance.

Il arrive aussi que des inconnus, des passants « se cassent le dos » pour nous aider à sortir du sable le lourd fauteuil de Léonard, qui ne pèse pas loin de cent kilos, à vide. Lorsqu'il est enlisé dans le sable de Saint-Malo, ou encore vidé de sa batterie, il faut le démantibuler à moitié pour le ramener à pied sec. Nous faisons appel à une demi-douzaine d'hommes musclés. Et à deux autres hommes pour porter Léonard le temps de dégager le fauteuil. Ces inconnus auraient pu nous dire que nous avions été imprudents de vouloir aller tous ensemble sur le sable, que la marée allait remonter. Et pourtant nous recevons avant tout des sourires. Comme s'ils comprenaient que nous voulons continuer. Continuer à être heureux, pour nous-mêmes et pour nos enfants. Ils comprennent. Tous réalisent aussi peut-être que la personne malade ou handicapée qu'ils croisent, ce pourrait être eux aujourd'hui ou demain. Que de fous rires, de complicités même avec des inconnus parfois !

De retour de vacances, un ami vite rejoint par un passant, un inconnu, insiste pour venir m'aider à décharger les bagages de la voiture, qui m'empêchent d'accéder au fauteuil électrique de Léonard. Tous deux sont heureux de délivrer Léonard qui, après plusieurs heures de trajets dans des positions inconfortables, assis sur le fauteuil passager avant sans accoudoirs ni bonne assise, aspire à retrouver son fauteuil électrique au plus vite. Cette aide toute simple nous émeut. Parfois aussi, un proche de notre entourage, parent, beau-frère ou ami, se propose de prendre le volant pour m'épargner les trop longs trajets. Et je rentre par le train. Sans eux, nous aurions difficilement accompli toute cette route. Nous leur en sommes reconnaissants.

Comment, enfin, ne pas être touchés par ces pensées, par ces prières qui nous entourent, surtout lorsqu'elles nous sont rapportées, que nous entendons ces témoignages de sympathie et de prières dont nous avons besoin ? Nous nous sentons portés par la communauté des saints et celle des pécheurs. Notre espérance en est raffermie. Mais d'autres jours, malgré les prières, l'amitié des uns et des autres, nous ressentons une solitude difficile. La réalité de la maladie pour nous est à temps plein : 24 heures sur 24 ! Je demande alors à ceux qui prient, qui pensent à nous sans oser ou penser nous le dire de bien vouloir nous l'exprimer. Sans doute croient-ils que nous ressentons à distance leurs prières, leurs pensées, leurs amitiés, mais non ! Nous sommes de chair et d'os. Nous avons aussi, parfois, besoin de les entendre, de les vivre. Ces manifestations de sympathie sont alors pour moi comme pour Léonard d'un grand secours.

Léonard n'est pas le seul à avoir de l'humour, Dieu aussi en est bien pourvu ! Le Seigneur nous éprouve : « Jusqu'où êtes-vous prêts à aller pour me suivre ? » nous interroge-t-il.

Nous avions choisi comme évangile le jour de notre mariage, dix ans plus tôt, ce texte du lavement des pieds : « Si je ne te lave pas les pieds, tu n'auras pas de part avec moi », dit le Seigneur à saint Pierre, dans l'évangile de saint Jean, au chapitre 23. Le Seigneur nous a pris au mot. Au sens propre, il me demande de laver mon mari, de laver son corps, de le nourrir, d'en prendre soin. Ce corps fait à son image et à sa ressemblance. Ce corps devenu tabernacle lors de l'Eucharistie. Ce Dieu lui-même qui s'est incarné, qui a pris corps en Jésus, nous demande à Léo et à moi d'avoir part avec lui en acceptant, pour moi de le laver à travers le corps de Léonard, et pour Léonard de se laisser laver.

À Léonard, le Seigneur demande de se laisser faire, de s'abandonner tel un tout-petit, avec confiance. Il nous invite à être au service l'un de l'autre, dans la communion, le pardon, le respect. Pour nous faire petits et avoir une chance de passer par le « trou de l'aiguille » qu'est la porte du ciel. Pour avoir part avec lui, c'est-à-dire part au salut, à la Vie éternelle avec lui.

Léo a perdu son travail, sa mobilité, sa parole, sa capacité à se nourrir. Il ne peut plus assumer normalement sa fonction paternelle. Devenu entièrement dépendant, il interpelle tous ceux qui le croisent par son sourire, sa sérénité, sa joie de vivre, son humour. Malgré l'épreuve, il est heureux. Il reste heureux. Il me le dit. Pas seulement pour me préserver. Mais parce qu'il le pense. On pourrait dire qu'il voit encore le verre à moitié plein, qu'il est un optimiste de nature, sans pour autant être naïf. Car il est lucide, bien conscient de son état. Et comment pourrait-il en être autrement quand on est devenu peu à peu paralysé ?

D'où tire-t-il sa joie ? Quel est son secret ?

Alors qu'il vit un profond chemin de croix, il tire sa joie de se laisser aimer. C'est cela sa charité : aimer, certes, mais surtout s'être laissé aimer. Léonard ne cache pas ses maux et ne se cache pas non plus de ceux qu'il aime. C'est sa force. Défiguré par un hématome à la suite d'une chute sur la tête ou assis dans son fauteuil à être nourri à la petite cuillère, Léonard n'a pas honte de se montrer aux autres. Il leur sourit.

Il s'offre à nous, nous fait la grâce de nous faire sentir qu'il est bien avec nous, qu'il est heureux de nous laisser prendre soin de lui, tel le petit enfant qui tire sa joie de sa faiblesse, de son abandon. Il reçoit toutes ces marques d'amour, d'affection, avec une humilité et une simplicité qui nous surprennent. Il fait l'aumône en laissant les autres le regarder, l'aimer, s'occuper de lui. Il leur donne son rire. Et son sourire lorsqu'il n'a plus la force ou les muscles pour rire. C'est ce sourire qui restaure les cœurs peinés, qui dispense une dignité gratuite. Lumineux de simplicité, Léonard, heureux d'offrir son temps compté, rend heureux ceux qui l'approchent. Nos mains vidées de tout ce qui, aux yeux du monde, est encore la vie, la joie, la gloire et la chance ne sont pourtant pas vides.

Le secret de sa joie est d'aimer ce qu'il fait et ce qu'il est, et non pas seulement de faire ce qu'il aurait aimé vivre, faire et être. La flamme du regard de Léonard vacille parfois sous le poids de sa croix mais ne s'éteint pas.

Il s'est laissé faire, il a remercié quiconque a pu l'aider, avec humilité, reconnaissance et sans fausse honte. Il se révèle dans sa capacité à recevoir et nous révèle à nous-mêmes dans notre capacité à nous donner, même si, parfois, nous trouvons cela trop dur. Ou que nous ne nous en sentons pas dignes car nous râlons, ou que nous craignons de blesser.

À Léonard, il est donné de vivre la croix de la paralysie totale et de trouver la joie dans l'abandon et cette forme de charité qui lui est propre. À ceux qui l'ont connu et aimé, il est donné la croix d'assister impuissants au spectacle de la déchéance physique et la joie d'être à son service.

Autour de ce membre malade de notre communauté chrétienne, autour de Léonard, nous sommes, nous formons le corps du Christ.

Léo ne peut plus marcher mais c'est moi qui mets mes pas dans les siens, à l'école de la patience, de la douceur. Et tous les deux nous continuons pas à pas, à avancer, cheminer. Les difficultés sont bien là, à ne pas minimiser. Mais le sacrement de notre mariage nous donne aussi sa force pour continuer.

IV

« Si je ne guéris pas ? Eh bien, on continue aussi ! »

« J'entends bien qu'un homme sûr de lui-même, de son courage, puisse désirer faire de son agonie une chose parfaite, accomplie. Faute de mieux, la mienne sera ce qu'elle pourra, rien de plus. Si le propos n'était très audacieux, je dirais que les plus beaux poèmes ne valent pas, pour un être vraiment épris, le balbutiement d'un aveu maladroit. Et à bien réfléchir, ce rapprochement ne peut offenser personne, car l'agonie humaine est d'abord un acte d'amour. »

Georges Bernanos,
Journal d'un curé de campagne

Les pires maux sont arrivés

À la fin du mois d'octobre 2013, Léonard se fait enfin opérer pour qu'on lui pose la sonde gastrique dont il attend beaucoup. Les premiers jours d'hospitalisation ont été éprouvants. L'opération est d'abord repoussée d'un jour, faute d'ambulance pour l'emmener du bâtiment de pneumologie à celui de chirurgie. Cela me met hors de moi. Léonard est très affaibli, irrité par une sonde nasale, affamé alors qu'il ne pèse que quarante-cinq petits kilos. La mise à la diète préopératoire dure alors quarante-huit heures et non pas vingt-quatre. Heureusement, l'opération se passe bien. J'obtiens l'autorisation d'aller le retrouver en salle de réveil. Deux prises lui sortent désormais du ventre. Celle qu'il faut brancher quotidiennement à l'émetteur d'impulsions électriques qui doit stimuler le diaphragme, mais aussi un embout destiné à recevoir la tubulure par laquelle passe le liquide épais qui est désormais sa nourriture. La période préopératoire a finalement été plus éprouvante qu'après l'opération. Léonard se remet bien.

Sans se plaindre, il a renoncé à l'alimentation solide. Beaucoup sont témoins de cet abandon réalisé avec son lumineux sourire. La veille de son départ à l'hôpital, Léo a adressé une missive à ses proches. Avec son éloquence habituelle, il leur propose de venir le voir :

Hello tutti,

L'opération qu'on va me faire, une gastrostomie, est relativement bénigne mais j'en attends beaucoup au niveau du vécu quotidien. Me nourrir m'est effectivement devenu tellement épique que les forces que ça me procure ne compensent qu'à peine celles que ça me coûte. Pas très écocitoyen comme bilan énergétique.

Bref, tout ça pour dire que mon séjour à l'hosto va, après l'opération, uniquement consister à habituer mon estomac à se faire régulièrement gaver, tel celui d'une oie, et que ça risque d'être copieusement emmerdant. J'espère qu'il va s'y faire rapidement. Les distractions seront donc les bienvenues même si je ne garantis pas forcément pouvoir tenir une conversation très soutenue.

Si venir vous tente, vous pouvez choisir un créneau dans le doodle ci-dessous, histoire de ne pas tous venir en même temps.

Merci d'avance pour votre visite et bon week-end.

Léonard

Nous organisons donc un planning qui me permet de partir sereine. J'emmène les enfants quelques jours chez des amis en Bretagne. Léonard reçoit moult visites à l'hôpital durant ce temps. Il en est heureux et tous le trouvent « en forme » pour le grand malade qu'il est.

Journées salutaires pour moi qui me permettent de lâcher prise, de couper un peu avec l'omniprésence de la maladie.

J'ai besoin de me consacrer aux enfants, sans être déchirée entre mon mari et eux.

Enfin Léonard peut sortir le 1er novembre 2013. Je vais le chercher à la Pitié dans la matinée. Nous sommes fous de joie de nous retrouver chez nous après ces dix jours d'hôpital. Juste tous les deux. Léonard va « bien ». Il a envie de manger. Par la bouche. Il savoure très doucement et paisiblement deux ou trois cuillerées. Une infirmière à domicile arrive pour m'aider à brancher la sonde. Une grande première pour moi. Je dois apprendre à manier la pompe qui fait passer la nourriture. D'abord agacée d'avoir dû se déranger en ce jour férié de la Toussaint, elle finit par se radoucir. Sans doute a-t-elle compris que, nous aussi, aurions préféré être épargnés par cette maladie.

Léonard peut à peine goûter un aliment par la bouche mais il ressent la faim. Être tributaire des passages d'une infirmière pour manger ne peut durer, d'autant que chaque « poche » d'alimentation passe très lentement. Il faut « brancher » Léonard de longues heures dans la journée. Le défi est d'habituer son œsophage à être nourri de la sorte et que Léonard finisse par reprendre quelques kilos, ou à défaut, qu'il arrête d'en perdre. Je comprends vite comment marche la sonde. Aussi l'infirmière n'a-t-elle plus à repasser à chaque branchement. Les enfants, gardés par nos parents, arrivent en fin d'après midi, tout heureux aussi de retrouver leur père à la maison. L'ambiance est joyeuse.

Nous débordons d'imagination pour que la vie puisse continuer le plus normalement possible. Au lieu de cette potence qui sert à fixer les poches d'alimentation, nous accrochons au fauteuil de Léonard un sac à dos avec la poche dedans. Ainsi peut-il sortir, s'il le désire, tout en étant nourri discrètement. Ce beau stratagème ne servira finalement pas beaucoup. Dès le surlendemain de sa sortie de l'hôpital, Léonard se sent moins bien. C'est dimanche après-midi. Une gêne respiratoire se fait sentir. Il ne réussit pas à tousser vraiment pour évacuer ce qui l'encombre dans les bronches. Le muscle du diaphragme est trop faible. Y a-t-il eu ce reflux de l'œsophage vers les bronches qui est toujours à craindre ? Je l'ignore. Les médecins aussi. L'accalmie aura en tout cas été bien courte : deux petits jours.

La seule sortie de Léonard sera pour aller à une messe d'enterrement. Il était ennuyé de ne réussir à enfiler que sa veste rouge dont il craignait que la couleur vive puisse déranger. Malgré sa détresse respiratoire, il avait tenu à venir prier pour ce jeune papa, lui aussi fauché par une maladie en pleine jeunesse. Scandale de la mort qui atteint une nouvelle fois Léonard mais ne l'ébranle ni dans sa foi ni dans son espérance.

Pour remédier à cette insuffisance respiratoire, je fais venir médecin généraliste et kinésithérapeute. Le médecin ne diagnostique pas de bronchite. Le kiné passe aussi visiter Léonard. Lorsqu'il revient en urgence cette semaine-là, il m'apprend les gestes de la kiné respiratoire que j'avais vu faire sur mes bébés. Sur un adulte, le geste est moins impressionnant. La gêne respiratoire de Léonard, elle, l'est.

Durant cette semaine à la maison, Léo vit des hauts et des bas mais jamais ne me réclame de repartir à l'hôpital. Quand je lui propose d'y aller, il refuse. A-t-il peur d'y retourner? De me déranger? Pense-t-il que son état finira par s'améliorer? Sommes-nous tous deux devant le déni d'une situation qui a empiré et que nous refusons d'accepter? Je ne sais pas. Je garde le souvenir d'une semaine extrêmement éprouvante, souvent déchirée entre l'état de santé de Léonard qui oscille entre de légers mieux et du moins bon, et nos enfants qui ont leur vie à vivre et que nous voulons préserver.

Le 11 novembre, j'emmène les enfants, tout excités, assister aux cérémonies organisées par la mairie pour fêter l'Armistice. Nous y retrouvons des amis qui viennent ensuite déjeuner. Léonard nous regarde déguster un bon déjeuner. Malgré l'attrait du plat, nous ne pouvons finir nos assiettes. Le voir souffrir ainsi nous coupe l'appétit. Je passe l'après-midi à tenter de le soulager avec ces gestes de kiné respiratoire auxquels j'associe notre ami. Je fais revenir le médecin généraliste qui, toujours dévoué, propose de se déplacer en ce jour férié.

Notre fidèle Fatou vient aussi le soir de ce 11 novembre. Je l'associe également à ces gestes de kiné car le quatre-mains est plus efficace. Léonard « dîne » avec sa sonde. Pendant que je m'occupe des enfants, elle s'occupe de Léonard. Ils ne le savent pas, l'un et l'autre, que c'est la dernière fois qu'ils se voient.

22 heures. Léonard est couché dans notre lit. Je lui propose d'appeler une aide médicale de secours. Cette fois, il accepte. Ce sont les pompiers qui se déplacent chez nous et qui, en lien téléphonique avec le médecin du Samu, nous invitent à venir aux Urgences.

Alors que Léonard ne souffrait pas encore d'une atteinte bulbaire, que sa respiration était intacte, il s'était exprimé sur ses peurs, ses angoisses face à la maladie. Seule la détresse respiratoire avait pu l'inquiéter. Nous y sommes donc. Avec la perte très importante de la parole et celle de la déglutition, les pires maux sont arrivés.

Il fait nuit noire. Les pompiers ne peuvent l'emmener à la Pitié-Salpêtrière, le centre de référence SLA. Alors ils l'acheminent vers l'hôpital dont ils dépendent. Affublé de son pyjama rouge offert à Noël de l'an passé, mon Léonard ne ressemble pas vraiment à un clown et la situation n'a rien de burlesque. En fait, elle nous échappe un peu cette situation…

Dans des chambres voisines de la nôtre, les enfants ne se sont pas réveillés pendant la venue des pompiers. Béni soit leur sommeil. Léonard n'a pas à crâner devant eux pour atténuer l'angoisse de ce départ que pas une seconde nous imaginons définitif. Ni Léonard ni moi ne savons prendre sur nous un départ à la Pitié, avec notre voiture. Encore aujourd'hui je déplore ce départ. Je regrette de ne pas avoir pensé à un départ en urgence, de ne pas l'avoir anticipé, préparé. Je ne sais évidemment pas ce qui serait advenu, si Léonard aurait davantage vécu si la prise en charge avait été faite dès le départ par la Pitié. Pour nous, la question n'a plus d'intérêt, mais pour d'autres, confrontés à la maladie, elle mérite d'être posée. En effet, dans des maladies comme la SLA, il faut souvent anticiper.

Je le regrette mais je ne culpabilise pas pour autant. Je sais bien que j'ai fait ce que j'ai pu. Par ailleurs, lorsque je tentais de suivre la voiture des pompiers, seule au volant dans cette nuit noire qui devait être interminable, je me sentais aussi déchargée du poids de la maladie. Je la redonnais aux professionnels.

La prise en charge aux Urgences est assez rapide. Quand je suis enfin autorisée à rejoindre mon mari, je le trouve dans un box, entouré d'infirmières qui tentent d'aspirer dans ses bronches ce qui l'encombre. Ce geste est pénible, douloureux et invasif. La sonde aspirante passe par le nez ou la bouche. Le résultat n'est pas très concluant. À plusieurs reprises on renouvelle ces gestes qui épuisent un peu plus Léonard. Il finit par monter en service de pneumologie. En milieu de nuit je rentre chez nous.

Je souffre pour Léo. Avec lui.

Je me couche. Je suis seule dans ce grand lit vide de son absence. Combien de temps durera cette absence ? Je crois avoir dormi quelques minutes. Je veux préserver mes forces autant que faire se peut. Je veux faire face avec la grâce de Dieu. Je sais qu'il me donnera la force nécessaire. Le courage, il me l'a donné et j'en suis fière. Mais j'ai besoin d'énergie pour continuer à sourire, pour continuer tout simplement.

Parfois, mes «coups de gueule» sont salutaires. Ainsi je m'insurge de ce que le service de pneumologie ne réussit pas à joindre celui de la Pitié, et qu'on ne puisse donc pas transférer Léonard immédiatement. Ou encore je m'agace de ce que la machine appelée «cough assistance», machine qui doit l'aider à tousser, met deux journées à parvenir à l'hôpital. Un autre jour, Léonard se voit refuser la «chaise percée» sous prétexte que l'on n'ose pas le manipuler tant il est maigre, et qu'il n'y en a pas de disponible. Je me démène pour avoir gain de cause. L'usage du «bassin» n'est pas envisageable car Léonard a besoin de l'appui de ses jambes pour faire fonctionner le peu de sphincters qui reste. Je tiens tête aux aides-soignantes. Bien sûr, elles ne sont pas de mauvaise volonté mais elles ont peur. Peur de le faire tomber, peur de le blesser physiquement. Ce que je comprends bien. Elles finissent par se laisser amadouer et vont chercher la chaise en question. Je pense aux malades esseulés. Ceux qui n'ont personne qui les défende, qui les accompagne, qui parle en leur nom quand leur parole n'est plus audible.

À nous trois nous parvenons à transférer Léonard, avec ses perfusions et lunettes à oxygène. Moi qui, quelques jours plus tôt, tout comme Fatou, réussissait seule le transfert lit/fauteuil/toilettes, je constate qu'à présent je ne pourrai plus le faire seule. En une semaine, Léonard a perdu ce qui lui restait de force et de mobilité.

Léo supporte des situations objectivement humiliantes avec une abnégation non feinte. Il accepte les toilettes, les soins, l'exposition de sa nudité, de sa maigreur féroce. Il gratifie d'un merci prononcé faiblement mais pas moins réel quiconque l'approche pour l'aider.

Durant cette semaine Léonard refuse que les enfants viennent le voir. Il se sent trop fatigué. Il est en réalité dans un état d'exténuation qui brise le cœur. Il préfère attendre d'aller mieux. Car il croit qu'il ira mieux. Il n'imagine pas ne pas rentrer. Alors je scotche la photo des enfants sur son mur. Il la regarde. Souvent. Très souvent. Je passe des bouts d'après-midi et sa mère prend le relais. Nos présences lui suffisent. Son état ne s'améliore pourtant pas.

Au bout d'une semaine, il finit par être enfin transféré à la Pitié-Salpêtrière en unité de soins intensifs dans l'aile de pneumologie. Je suis rassurée. Là, les médecins connaissent la SLA et connaissent Léonard. Quand il part, entouré de quatre médecins du Samu, mon cœur se serre. Je l'embrasse et affecte une gaieté qui n'est pas là. Cette fois, je me demande si je le reverrai vivant. Il monte à bord de l'ambulance du Samu toutes sirènes hurlantes. Je pars aussitôt après avoir embarqué le fauteuil électrique dans notre voiture. Une semaine plus tôt, c'étaient les pompiers que je suivais.

J'allume la radio. Je tombe sur une chanson de Johnny :

Demain ce sera le grand jour
Il faudra faire preuve de bravoure
Monter au front, en première ligne
Ô Marie je t'en prie fais-moi un signe

Allongé dans l'herbe je m'éveille
J'ai vu la mort dans son plus simple appareil

Elle m'a promis des vacances
La mort m'a promis sa dernière danse

Ô Marie si tu savais
Tout le mal que l'on m'a fait
Ô Marie j'attendrai qu'au ciel
Tu viennes me retrouver.

C'est un peu idiot mais je fonds en larmes. Je me demande ce que nous allons devoir affronter à présent. De tout mon cœur j'espère que Léonard sortira de cette crise mais je n'en suis pas sûre. Je ne sais pas. J'implore le ciel de me donner la grâce du présent : force, bravoure, acceptation. Me reviennent aussi en mémoire ces paroles affirmées par des proches que Léonard allait mourir bientôt, ou que le pire était à venir. Ces paroles, je les savais enfouies au plus profond de moi pour me préserver, pour vivre l'instant, pour conserver l'espérance de ces 10 %. Aujourd'hui je les regarde en face. À plusieurs reprises, j'ai cru être face au pire mais il y avait encore la respiration à offrir. Et le souffle, c'est la vie…

J'arrive enfin à l'hôpital. Ma belle-mère, prévenue entre-temps, m'a devancée et elle est déjà là, dans la salle d'attente. Je file vers mon mari. Léonard est installé en chambre 12 du service de surveillance continue en pneumologie. Il a retrouvé le bâtiment Montyon où il était un mois plus tôt quand il avait été opéré pour se faire poser la sonde gastrique. Sa chambre est immense. Des électrodes appliquées sur sa poitrine sont reliées à un scope, un écran qui permet de surveiller divers paramètres tels que la saturation (c'est-à-dire le taux d'oxygène dans le sang), le rythme cardiaque, la tension artérielle, la température. Des perfusions l'hydratent. Masques à oxygène et machines variées occupent aussi une bonne place. C'est un peu impressionnant mais je ne le vois pas vraiment. Je ne vois que mon mari en souffrance et c'est cela qui m'impressionne et me navre.

Léonard et moi sommes rassurés d'être ici. Nous espérons qu'une prise en charge par une équipe médicale habituée à traiter cette maladie remédiera à cette gêne respiratoire. Léonard est crispé, il souffre, il est très fatigué. Il n'a pas dormi depuis une semaine. Il a encore terriblement maigri.

La neurologue, que nous connaissons bien, vient le visiter et rejoint l'interne de service en pneumologie. Nous restons une heure avec elles. Elle garde espoir avec nous que Léonard réussisse à se dégager de ce qui l'encombre et l'empêche de bien respirer. Elle table sur une utilisation optimale de la cough assistance déjà évoquée et des sondes aspirantes, ainsi que sur la compétence des kinés spécialistes des gestes respiratoires nécessaires. Rien de très nouveau mais à accomplir par un personnel des plus rodés.

Son écoute, sa disponibilité, sa «juste place» face à mes larmes forcent mon admiration. Je n'ai pas pris de notes au fur et à mesure de ces étapes de l'avancée de la maladie. Ce que je dis ici est le fruit de mes souvenirs. Certains se sont effacés, d'autres sont gravés dans le marbre. Ainsi je me souviens particulièrement de ces paroles apaisantes et réconfortantes prononcées dans la salle d'attente, lorsque j'évoque mon regret de ne pas être partie plus tôt aux Urgences ou de ne pas avoir filé directement à la Pitié-Salpêtrière.

Le lendemain, mardi, Léonard est bien mieux. Est-ce l'effet des gestes plus efficaces de kiné, joints à l'utilisation de la cough assistance à laquelle ces kinés sont habitués ? Il respire sans apport d'oxygène. Il regarde même un peu la télévision. La pneumologue qui lui avait posé le stimulateur diaphragmatique neuf mois plus tôt se montre optimiste et évoque même sa sortie après passage à l'étage du dessus. Nous sommes tout joyeux et envoyons un message optimiste à nos familles.

Mais dès le lendemain, Léonard rechute. Le masque à oxygène qui lui couvre le nez et la bouche achève de l'empêcher de prononcer les quelques mots qui auraient encore pu passer d'un souffle ténu. Lorsque j'arrive dans sa chambre, le curé de notre paroisse est à son chevet pour une visite. L'avant-veille, je lui avais téléphoné pour lui proposer de passer voir Léonard. Il avait compris que ce serait peut-être un « À Dieu ». Nous prions ensemble. Léonard est parfaitement conscient et heureux de la présence de ce prêtre devenu, au fil des derniers mois, un ami cher.

Léonard est exténué. Il ne dort pas, ne parvenant pas à trouver la bonne position et toujours très gêné pour respirer. Il réclame souvent de l'aide pour être repositionné. Les médecins préfèrent ne pas lui donner de médicament qui l'aiderait à dormir. En effet, les muscles respiratoires accessoires, autres que le diaphragme, ont l'inconvénient de « dormir » la nuit. Si Léonard dormait, ces muscles accessoires dont il a besoin ne travailleraient pas, cela aggraverait sa capacité respiratoire. Je comprends que lui permettre de dormir en lui donnant ces médicaments serait renoncer. Or sept jours avant sa mort, les médecins luttent encore pour ajouter des jours à la vie.

Léonard est désormais accroché à sa ventilation non invasive (la VNI), un masque qui lui permet de respirer artificiellement et qui couvre le nez et la bouche. Il est parfois difficile de bien l'ajuster sans que les sangles ne scient les oreilles ou ne heurtent trop durement les tempes. Malgré ces petites souffrances et malgré le fait que Léonard ne puisse plus prononcer un seul des petits mots qu'il réussissait encore à dire, il ne veut plus la quitter car il respire mieux avec que sans. Initialement elle était prévue seulement quelques heures par jour. Léo refuse l'aspiration par sondes dans ses bronches, épreuve douloureuse, invasive, pour un résultat nul à ce moment-là.

L’agonie et la mort

Six jours avant sa mort, les choses ont changé. Il y a un tournant le vendredi 22 novembre. La veille, les kinés n’avaient pas eu l’autorisation par les médecins d’effectuer sur Léonard ces gestes qui tentaient en vain de le désencombrer. Sans nous le dire, les médecins ont considéré que le risque de le fatiguer était supérieur au bénéfice hypothétique à retirer de ces soins. Ce même jour, je croise l’une des pneumologues du service. Elle ne soutient pas mon regard. J’ai compris.

J’ai compris que Léonard allait mourir très prochainement.

Mourir. Le mot est dur. La réalité tout autant.

Les médecins savent qu’ils ne peuvent plus rien pour le maintenir en vie, à moins d’acharnement. Cet acharnement aurait pour nom, dans le cas de Léonard, la ventilation assistée par trachéotomie (la VAT). Trachéotomiser quelqu’un, c’est pratiquer une petite ouverture sur son cou, sous la pomme d’Adam, pour permettre la mise en place, dans la trachée, d’une canule reliée au respirateur. La VAT prend donc en charge, grâce à une machine, la circulation d’air.

Le médecin pneumologue, responsable du protocole du respirateur phrénique qui lui a été implanté en février et dont j'ai déjà parlé vient nous rendre visite ce vendredi matin. Il veut évoquer avec nous la technique de la VAT. Il nous explique qu'elle n'est pas envisageable dans notre cas, qu'il n'y a pas de projet derrière si ce n'est d'ajouter des jours à la vie dans des conditions très dures et artificielles. En effet, l'idée de voir Léonard tétraplégique, devenu complètement muet, relié pour toujours à sa machine, enfoui sous son masque et surveillé en permanence par deux infirmières est totalement insupportable.

Le pneumologue nous fait comprendre que tout est fait, que Léonard est entouré des meilleurs soins mais que ses échanges gazeux au niveau des poumons ne sont plus bons. Ce déficit ventilatoire entraîne un excès de dioxyde de carbone et un manque d'oxygène, fatal sans VAT. À présent, les explications sont claires. Il nous fait bien comprendre qu'il nous faut accepter la mort. Le pneumologue ne nous laisse pas le choix. Et je trouve que c'est heureux car – quand bien même nous ne voulons pas de l'acharnement thérapeutique – le poids de ce choix aurait été bien lourd à porter !

Mais, insupportable, l'idée de sa mort l'est aussi !

Jusqu'à cette visite du médecin, Léonard, l'optimiste de nature, espérait toujours se sortir de cette détresse respiratoire. C'est à ce moment-là que Léonard accepte sa mort toute proche. Dans la douleur.

Le soir même, je reçois un coup de téléphone de la neurologue, très humaine, très à l'écoute. Elle se fait la porte-parole de l'équipe médicale pour expliquer que, si l'état de santé de Léonard ne s'améliore pas dans le week-end, sa fin naturelle, sa mort, sera toute proche.

La mort, Léonard n'en a jamais parlé frontalement. Avec moi comme avec le médecin. Il s'y refusait. À présent qu'il est certain d'être arrivé au seuil de sa vie, Léonard me dit que le plus dur est de nous laisser. Il n'a pas peur de la mort, de sa mort. Il ne se rebelle pas. Mais son regard exprime une vraie souffrance. Je vois une nouvelle fois, dans ses mots, sa générosité ultime. Pas une seconde il ne pense à lui. Il ne pense qu'à moi, qu'à nous. Il garde les yeux rivés sur la photo de nos enfants que je mettrai sur son cœur lorsqu'il aura sombré dans l'inconscience. L'immense douleur de Léonard est uniquement celle de nous laisser. Il s'exprime en désignant des lettres sur un alphabet plastifié et répond en hochant la tête. La VNI l'empêche de prononcer toute parole. C'est dur, très dur de ne plus pouvoir communiquer ou si peu. Léonard qui a toute sa présence d'esprit malgré sa fatigue s'exprime beaucoup par son regard éloquent.

Pendant quelques heures, Léonard connaît la solitude du Christ à Gethsémani, la solitude de celui qui sait qu'il va mourir et qui l'accepte en pleurant. Je passe la nuit à son chevet. Nos âmes sont unies dans cet amour que nous nous portons mais aussi, il faut le dire, dans la tristesse.

Tristesse à l'idée de ne plus nous voir avec nos yeux de chair, tristesse d'élever toute seule nos enfants, même si, depuis le ciel, Léonard ne nous laissera pas. Je le lui demande. Il me répond en clignant des yeux par l'affirmative. Oui, il s'occupera de nous, qu'il intercédera pour nous.

La scène est d'une violence comme d'une beauté inouïe. Oui, comme il est dur pour lui de renoncer à vivre et à moi de devoir vivre sans mon époux.

Je passe la nuit à ses côtés. Léonard somnole mais, comme moi, ne s'endort pas. Il ne trouve pas la bonne position. Il est à moitié assis dans son lit d'hôpital pour tenter de respirer le mieux possible mais le manque de muscles le fait glisser. Il me sollicite régulièrement pour l'aider à se remettre dans une meilleure position. Sa foi, son espérance, sa charité ne chavirent pas. Léonard continue à m'édifier. C'est lui l'homme debout alors qu'il gît sur son lit d'hôpital.

Bénis soient ces instants de silence qui résonnent de notre amour, de notre tristesse de cette séparation physique et de notre espérance de nous retrouver contemplant ensemble la gloire de Dieu.

Depuis que Léonard avait été hospitalisé en urgence, j'avais continué à accompagner les quatre enfants à l'école le matin. Je partais ensuite en RER à l'hôpital, où je passais quelques heures avant de les retrouver à la sortie des classes. Nous avions conservé le rythme le plus habituel pour eux. Je pense les avoir relativement épargnés durant ces dernières semaines à l'hôpital. Certes, ils ne voient pas leur papa, qui leur manque, mais ils n'ont pas trop conscience de la situation. Ils sont chez des amis ou avec mes parents le mercredi et après l'école.

Le samedi, soit cinq jours avant la mort de leur père, les enfants viennent le voir. Ils sont tout excités. Ils ont préparé des dessins. Depuis deux semaines, ils ne l'ont pas vu. Ils savent qu'il va mal. Je ne leur ai pas caché mon inquiétude ni celle des médecins. En revanche, je ne leur ai pas dit que, si leur père ne reprenait pas le dessus durant le week-end, sa fin ici-bas serait toute proche.

J'ai la certitude qu'il ne faut pas leur mentir. Je ne veux surtout pas leur cacher l'état de santé de leur père et j'énonce : « Votre papa va mal. » Mais j'ai aussi l'intuition, confirmée par Gaétane le soir de la mort de son père, qu'ils sont trop jeunes pour entendre « il va mourir très bientôt ». À mes yeux, vivre dans l'expectative d'un événement redouté, vivre avec la peur de l'inconnu, les fragiliseraient. Notre aînée a neuf ans et demi et le quatrième quasiment cinq. Ils sont entrés dans la grande enfance ou presque. Ils vivent pleinement le présent. Je veux trouver les mots pour les alerter, dire mon inquiétude et celle des médecins, mais sans les angoisser démesurément, sans nuire à leur état de santé psychologique. L'équilibre est ténu.

Avant de partir pour l'hôpital, je suis allée chercher le masque que Gaétane avait eu sur le nez quand on lui avait recousu le doigt. J'ai dit aux enfants que leur papa avait à peu près le même, en un peu plus gros. Les enfants ont besoin de concret. Je leur ai aussi décrit la chambre avec tous ses équipements. Je tente de préparer un peu leur visite. Lorsque nous arrivons dans le service, je fais prévenir l'infirmière afin qu'elle ferme bien les portes des chambres des autres patients. Nous sommes accueillis dans le bureau du personnel médical. Il y a de grandes tables. Les enfants dessinent tout en écoutant à moitié un médecin venu leur expliquer l'aide apportée à leur papa.

Ils ne sont pas des plus attentifs. Ils s'impatientent et veulent voir leur père. Ils doivent attendre le feu vert des infirmières qui finissent un soin. Ils commencent à s'exciter et rigolent. Leur gaieté, leur joie de vivre et leur insouciance surprennent et fascinent l'équipe médicale. Une partie d'eux, plus ou moins consciente, en tout cas pour les deux aînées qui l'avaient exprimé, sait la maladie et la mort qui attend, sortie de l'ombre. L'autre partie d'eux-mêmes est appliquée à vivre l'instant présent.

Enfin ils peuvent entrer. Je les porte afin qu'ils embrassent leur papa. Seul Calixte, le quatrième et dernier, montre son émotion et tergiverse. Il n'embrassera son père que dans les cinq dernières minutes de la visite. Les autres ne semblent pas impressionnées.

Ils expliquent à leur père leurs dessins avant de les accrocher aux murs, se réjouissent de voir la photo d'eux en bonne place, interrogent sur le matériel, observent la mine de leur papa, grimpent sur son lit et tentent un câlin malgré les fils du scope. Assez vite, ils tournent un peu en rond et souhaitent aller jouer. Je suis heureuse de les épargner sans les écarter. Je sais, moi, que les heures de Léonard sont comptées. Je dois atténuer mon inquiétude et ma douleur devant mes enfants, sur qui je ne veux pas faire peser l'angoisse de la mort toute proche. Je tente d'atténuer ma tristesse devant mon mari, qui est lui-même, dans un premier temps, si triste à l'idée de devoir nous laisser.

Les enfants n'expriment pas d'angoisse. Je ne crois pas qu'ils aient été démesurément inquiets. C'était notre objectif. Ce sont des enfants valides et sains, qui ont besoin de jeux, de mouvement. Je les fais sortir et ils sont pris en charge, pour la journée, par leurs parrains et marraines qui sont là. En sortant de cette chambre 12 du pavillon Montyon, Gaétane me déclare : « En fait, moi je l'ai trouvé bien Papa ! Hein Maman ? » A-t-elle été heureusement surprise ? Prêche-t-elle le faux pour savoir le vrai ? Énonce-t-elle une vérité pour mieux s'en convaincre ?

Léonard ne pouvait répondre à leurs questions que par oui ou par non, mais il les buvait des yeux ses petits, si heureux de les voir. Heureux de leurs vies, de leur bon vivant. Malgré sa tristesse. Les enfants ont bien saisi que leur papa était, malgré son exténuation, tout présent à eux, à ces instants entre ciel et terre. Ils reviendront encore le lendemain, le dimanche. C'est la dernière fois qu'ils le verront vivant.

Léonard, qui n'a pas dormi depuis des jours, voudrait dormir. Non pas mourir, mais juste dormir pour se reposer tant son corps crie sa fatigue. Également pour calmer la souffrance née de cette détresse respiratoire et pour atténuer l'angoisse de devoir, physiquement, nous laisser. Léonard ne demande nullement qu'on le tue mais qu'on atténue sa gêne et sa souffrance.

À présent que les médecins n'ont plus d'espoir pour le garder en vie, ils répondent à notre demande de l'aider à dormir par un traitement approprié. Ils n'agissent pas dans notre dos et nous expliquent ce qu'ils peuvent faire. Ils n'emploient pas l'expression « soins palliatifs » mais cela revient au même. La sédation donnée n'aura aucunement pour but de hâter la mort mais de soulager la détresse respiratoire et de le faire dormir. Léonard qui a toute sa tête, toute sa lucidité malgré son épuisement, accepte.

J'avais confié à un ami très proche la douleur de Léonard de nous laisser, nous sa famille. Il m'avait immédiatement répondu de lui dire qu'il s'occuperait de nous, que sa propre famille ne nous laisserait pas. Je répète ses paroles à Léonard. Cela l'apaise.

Ce soir-là je lui demande pour la dernière fois s'il veut m'épouser.

– *« Tu veux m'épouser ? »* Clignement des yeux qui veut dire oui.
– *« Bon alors et toi tu me demandes ? »* Il sourit. Et acquiesce encore.

Oui, je veux l'épouser mon Léonard. Et s'il m'était donné de revivre notre histoire terrestre, je le referais sans hésiter.

Lorsque je le quitte pour rentrer quelques heures chez nous, Léonard est serein. Après une autre nuit courte cette fois à la maison, où j'ai retrouvé les enfants, dont la joie de vivre consolante me dynamise, je repars à l'hôpital.

Je pénètre dans la chambre de mon mari. Je suis bouleversée de le trouver inconscient, les yeux mi-ouverts. Dans sa nudité, sa maigreur est criante, renversante, totalement insoutenable. Il est l'icône du Christ sur la croix. Deux infirmières font sa toilette. Cela ne le sort pas de cet état léthargique. Elles le lavent, le massent. Elles le regardent comme la personne qu'il n'a pas cessé d'être. Ces caresses ont un prix énorme à mes yeux. Je suis stupéfaite par ces infirmières. Leurs gestes sont d'une douceur, d'une lenteur infinie. Léonard va mourir et elles, qui ne sont pourtant pas d'une unité de soins palliatifs, le savent bien. Elles prennent le temps de le raser, de le masser avec une huile. Quand je remercie l'une d'elles, elle me répond : « Vous savez, souvent on leur fait mal, bien malgré nous, avec les gestes des soins. Alors, quand on peut leur faire du bien, nous sommes contentes. » Elle est heureuse de lui faire du bien, de lui procurer une caresse réconfortante quand bien même il ne la sentirait pas.

Je trouve cela beau. En même temps, au fond, je trouve cela bien normal, bien simple. Oui, normal d'accompagner un mourant en donnant de son temps, de son énergie. Normal de le masser avec une huile. Normal de ne pas regarder le prix que coûtent ces derniers jours à l'hôpital, en considérant la personne qu'il est, qui mérite ce temps, cette attention, ce soin, parce qu'il est une personne qui communique, qui ressent, qui a une histoire.

L'autre infirmière débranche quelques fils du « scope », la surveillance à laquelle il est soumis. Est débranchée la surveillance de la tension et du rythme cardiaque, et sont conservées les électrodes de la saturation. On ne débranche que de la « surveillance ».

Avec une grande douceur, elle me dit que ce n'est plus la peine de médicaliser les derniers instants de Léonard. Je reçois ces paroles comme une invitation à accepter une fois de plus la mort qui vient. Parce qu'accepter la mort comme accepter la maladie est un geste à réitérer, à renouveler chaque jour. Je n'ai pas accepté une fois pour toutes l'idée de la mort. C'est un combat. C'est aussi une grâce. Grâce à demander, dans la foi quotidiennement, pour accepter l'inéluctable. Et même par-delà la mort, accepter la mort peut rester un combat au-delà de la réalité de l'absence.

Je vis cette moindre surveillance comme une invitation à ne regarder que mon époux cloué sur son lit. En effet, lorsque surveillance électronique il y a, l'on peut avoir tendance à regarder d'abord l'écran et à lire les chiffres que l'on a vite appris à décrypter.

Je suis heureuse de ne regarder que mon bien-aimé, et pas seulement les chiffres des machines ! Il dort enfin. Avec son masque à oxygène sur le nez. Son visage est encore tout rose, paisible, si ce n'est cette respiration si lente. Je lui parle, lui prend les mains, l'embrasse. M'entend-il ? Mon Léonard est entré dans son agonie. Sans faire de bruit.

Le médecin pneumologue arrive très vite après. Il pense que la fin sera pour aujourd'hui ou pour demain. Sa fin qui n'est que le début d'une vie céleste à laquelle je crois de toutes mes forces. Sinon la vie n'aurait pas de sens. C'est bien l'espoir de le retrouver auprès de mon Dieu qui me fait accepter sa mort si jeune, cette vie fauchée avant l'heure.

À partir de ce lundi, deux jours et demi avant sa mort, le temps est suspendu. Je vis l'agonie de mon mari. Je l'accompagne vers ce passage que nous franchirons tous. Sa mère, veuve depuis sept ans, est aussi présente à ses côtés.

Elle ne s'apitoie pas sur elle-même, elle reste debout, digne malgré la douleur, elle aussi, plaçant son espérance dans le Seigneur.

Léonard est au milieu de nous. Nous lui tenons chacune une main. Il est ce trait d'union entre nous. L'une comme l'autre, nous devons partager cet être aimé. Pas facile de partager celui qu'on aime ! Le fils pour l'une. L'époux pour l'autre. Nous avons toutes deux notre place auprès de Léonard qui vit ses dernières heures.

Durant l'après-midi, Léonard reçoit des mains du prêtre aumônier de l'hôpital le sacrement des malades, qu'il avait déjà reçu plusieurs fois. Je suis heureuse de me dire que Dieu n'est pas venu uniquement pour les riches et les biens portants mais pour tous.

Nous chantons, prions, veillons Léonard. Il ouvre parfois les yeux. Que voit-il ? Que vit-il ? Que ressent-il ? Que comprend-il de ces instants ? Au fond, peu importe. Ils ont valeur d'éternité.

Est-ce le sacrement des malades qui donne une telle paix en ces derniers instants, la force de supporter une agonie longue puisque, durant deux jours et demi, à chaque respiration, je me dirai que ce sera la dernière ? Je le crois.

Léonard va mourir.

Des très proches, de la famille et des amis arrivent, prévenus par texto souvent, par téléphone ou par le bouche à oreille. Ils veulent dire au revoir, dire merci, dire leur amitié.

Avec quelques uns, auprès de Léonard, nous vivons une soirée inoubliable de grâces, de joie, de paix. Nous avons tous la tête dans le ciel. Accompagner ainsi Léonard dans la mort nous permet peut-être d'apprivoiser un peu plus l'idée de la nôtre. En attendant, c'est pour lui que nous prions. Les paroles du « Je vous salue Marie » prennent tout leur sens : « Maintenant et à l'heure de notre mort. » L'heure va très bientôt sonner. Ô Marie, l'heure est venue. Venez donc chercher Léonard pour le mener à Dieu qui le connaît déjà comme son enfant et qui l'aime tant qu'il veut l'avoir à présent auprès de lui. Les paroles du « Notre Père », prière des chrétiens, prennent aussi tout leur sens : « Que Ta volonté soit faite. » Comme le Christ a obéi à Dieu son Père, sans révolte et dans l'abandon, avec Léonard inconscient, nous demandons au Père de nous envoyer son Esprit pour que le « fiat », le oui, l'obéissance à la volonté du Père soit nôtre. Nous lisons des psaumes, chantons des chants d'abandon, écoutons un ami nous faire revivre les sacrements reçus par Léonard depuis son enfance.

Il est particulièrement difficile de trouver les mots pour dire l'ineffable paix et la joie venues d'ailleurs, venues de Quelqu'un d'extérieur à nous-mêmes. Et ce Quelqu'un était Dieu. Et ce Quelqu'un était l'Esprit Saint, ce lien d'amour entre le Père et le Fils. Je crois pouvoir dire que nous étions comme entourés chacun personnellement d'un amour fou. Pour ma part, j'ai refait ce soir-là l'expérience unique de l'Esprit Saint nous inondant de sa grâce, expérience vivante d'une rencontre. Au cours de cette soirée inoubliable, les larmes sèchent, les sourires jaillissent sur nos visages graves mais en paix. Nous sommes comme affermis dans notre foi et notre espérance chrétienne. Nous ne sommes pas tristes. Nos cœurs lents à croire sont consolés et remplis de joie, nos âmes embaumées. L'agonie, puis la mort de Léonard, est vécue un peu comme une sorte de transfiguration. À travers elle, c'est une fenêtre sur la Vie éternelle qui s'ouvre pour chacun, une fenêtre de contact direct avec le ciel. Dieu est présent, l'Esprit Saint est vivant au milieu de cette assemblée, dans cette chambre d'hôpital. L'autre vie semble si proche, si palpable, tellement pleine d'espérance. Ce sont des instants de longue communion avec Léonard. L'amour de Dieu irrigue, circule avec délicatesse et douceur. Les uns et les autres nous quittent à une heure de la nuit avancée. Je reste à veiller Léonard dans sa chambre d'hôpital.

La nuit passée auprès de Léonard, à l'accompagner pour vivre ses dernières heures, me rappelle les nuits avec nos enfants lorsqu'ils étaient nourrissons. Je contemple mon mari comme je contemplais mes petits, éperdue d'amour. Ce sont des instants d'éternité, où l'on se rapproche du Créateur. Il donne la vie, il la reprend pour nous faire entrer dans son éternité. Mystère de la naissance, sur cette terre comme au ciel.

Nuit blanche. Nuit noire. Nuit qui n'en finit pas de finir. Dans le silence de l'obscurité, où pas un bruit ne nous parvient sauf cette respiration, je touche l'abandon de Léonard, tel l'abandon de nos tout petits nourrissons. C'est dur mais c'est beau. C'est beau mais c'est dur. Rude même. Nous sommes l'un et l'autre dépouillés de tout devant la réalité de la mort qui vient.

Nuit noire et blanche mais illuminée d'une profonde joie cette fois. J'accepte que mon mari s'en retourne. Je lui dis qu'il peut partir à présent.

L'aube vient. Léonard est resté toute la nuit dans cet état inconscient.

Pendant la toilette du matin, la veille de sa mort, il se réveille de son état d'inconscience pour me demander quel jour nous sommes. Quand je lui réponds : « Mardi », son regard s'éclaire. C'est comme s'il comprenait qu'il avait dormi depuis le dimanche, qu'il avait été inconscient. Alors il me dit très clairement « pas de trachéo ». Il me dit cela en regardant les lettres de l'alphabet et en clignant des yeux sur chaque lettre que je lui montre. Cet exercice est épuisant. Pour lui, il est d'abord épuisant physiquement. J'ai dû mettre dix minutes à comprendre ces mots. Dix longues minutes. Pour chacun de nous, c'est épuisant moralement.

Il exprime sans nul doute possible qu'il ne veut pas d'acharnement thérapeutique. Et qu'il est prêt à mourir. Il accepte. Même s'il voudrait vivre encore. Je tiens la main de Léonard, que je caresse comme notre petite Clémence aimait à le faire. Je ne la lâcherai pas, comme je ne veux pas qu'il me lâche lorsqu'il sera dans la Vie éternelle.

Léonard se rendort ensuite.

Le numéro 12 du bâtiment Montyon résonne pendant deux jours encore de chants et de prières, d'une espérance qui ne peut se taire. L'équipe médicale nous laisse faire et se tient auprès de nous en toute discrétion. C'est beau cette liberté de célébrer son culte dans cet hôpital laïc. L'équipe médicale, quelles que soient ses croyances, nous laisse veiller, prier, chanter à voix haute. Je leur en sais gré.

Même s'il est susceptible de mourir à chaque seconde, je ne veux pas fermer la porte de sa chambre aux proches amis et famille, venus dire au revoir. La mort à venir de Léonard ne m'appartient pas. Ni à personne.

Pendant cette dernière nuit auprès de Léonard, je mesure pleinement que la croix est indissociable de la Rédemption, de la Résurrection, et inversement. On ne va pas à l'une sans passer par l'autre. « Si le grain tombé ne meurt pas, il reste seul ; mais s'il meurt, il donne beaucoup de fruit. » (Jn 22) C'est là un des mystères de la vie chrétienne, nous devons mourir afin de vivre de cette vie éternelle.

Et ce passage n'est pas sans renoncement, sans arrachement. Je réalise pleinement que dans quelques heures, je ne le verrai plus vivant, que je ne verrai plus ce corps que j'ai aimé.

Ces longues minutes, ces heures, sont pleines d'espérance mais elles sont aussi éprouvantes, longues et difficiles à vivre. Il ne faut pas le cacher. Je redis bien souvent cette phrase du cantique de Syméon : « Maintenant Seigneur, Tu peux le laisser s'en aller dans la paix, maintenant Seigneur tu peux le laisser reposer. »

À chaque respiration, je crois que c'est la dernière. Et le souffle reprend, venu du profond de son être. Je trouve ces minutes insoutenables et pourtant je les supporte. Avec la grâce de Dieu.

Le matin du 27 novembre pointe. C'est le jour de la fête de sainte Catherine Labouré. C'est le 27 novembre 1830 que la Sainte Vierge demanda à cette religieuse de faire frapper la médaille aujourd'hui bien célèbre et répandue dans le monde entier, médaille que j'avais pu remettre au cou de Léonard quelques jours plus tôt.

Léo respire toujours, avec ces lunettes d'oxygène, et très lentement, comme endormi. Bercé et porté par les prières de tous, proches ou moins proches, présents ou non. Le fil qui le rattache à la vie est ténu mais son visage a toutes ses couleurs. Léonard s'accroche à la vie.

Le temps est suspendu.

Quelques-uns viennent lui dire au revoir le matin très tôt avant d'aller travailler. D'autres dans la journée. De très proches ont pris leur journée pour être présents, parfois venant de loin.

Nous ne savons ni le jour ni l'heure.

Bien sûr j'espère toujours un miracle au fond de moi, mais je ne le demande plus. Je demande la grâce d'accepter cette mort imminente et de continuer.

Dans l'après-midi, vers 16 h 30, la pneumologue responsable du service demande à me parler. Elle est accompagnée d'une infirmière et d'un autre médecin. Il y a sans doute une dizaine de proches présents dans la chambre de Léonard. Je la suis dans un bureau. Elle m'explique que les lunettes d'oxygène prolongent les derniers instants de Léonard. Je comprends immédiatement que les garder relève de l'artifice et j'accepte, en toute liberté, sa proposition de les lui enlever. Je lui suis en même temps très reconnaissante de nous avoir laissé ces deux jours et demi avec cet oxygène, jours qui nous ont permis de nous préparer, de dire ce que nous avions à dire, de prier. Avec une profonde humanité et douceur, le médecin me propose d'expliquer à nos proches la décision que je viens de prendre. Cette fois, ce sont donc les proches qui la suivent dans son bureau pendant que je retourne dans la chambre de Léonard, accompagnée de l'infirmière. Elle enlève les lunettes en question et me laisse seule avec lui.

À peine est-elle sortie que la saturation descend, que Léonard perd ses couleurs, que la respiration se fait encore plus lente.

J'ai compris.

« Maintenant et à l'heure de notre mort… »

J'ai le temps de passer la tête par la porte, de héler l'infirmière. Je lui demande d'appeler vite ma belle-mère au chevet de son fils.

Je suis heureuse que l'agonie de Léonard ait été autant veillée, et heureuse aussi d'avoir eu, d'abord en tête à tête, puis avec ma belle-mère, cette longue dernière minute.

Léonard expire.

Une main dans celle de sa femme et l'autre dans celle de sa mère. La photo de ses enfants sur son cœur.

Nous sommes nés en Dieu et nous mourrons en lui. Car nous sommes nés de ce sacrifice d'amour de notre Dieu et nous retournerons en lui. Vivre la mort de Léonard ne m'appartenait pas mais il m'a offert cela, ainsi qu'à sa mère. Dans un ultime don. Le premier don vient de sa mère. Don de la vie, de la maternité si grande et si bénie.

Avec Léonard comme trait d'union entre nous, moi l'épouse et elle la mère, je remercie ma belle-mère de l'avoir eu, d'avoir eu cette générosité de donner autant la vie. À son tour, elle me remercie de l'avoir rendu heureux. La scène semble un peu surréaliste. Mon mari, son fils, vient de mourir et par-delà nos différences, nous sommes unies dans un sentiment de reconnaissance qui me dépasse complètement. Reconnaissance à l'Éternel d'avoir créé cet être d'exception que fut Léonard, reconnaissance l'une envers l'autre de l'avoir chéri.

La porte de la chambre s'ouvre. Les amis et les familles entrent après avoir vu l'équipe médicale. Ils ont compris et se joignent à nous dans ce geste de l'agenouillement. Pour moi, c'est se prosterner devant Dieu vivant que m'agenouiller ainsi auprès de la dépouille suppliciée de mon mari. C'est reconnaître le mystère divin, se faire petit. Nous restons un moment à prier autour de son corps.

Je crois à la prière. Je crois à l'intercession des saints et à celle des pécheurs. C'est pourquoi il me fut important que l'agonie et la mort de Léonard soient portées par la prière des proches et du plus grand nombre. Nous avons prié pour que Léonard choisisse le Seigneur, le royaume de Dieu en disant: « Seigneur accueillez-le en votre paradis, Ô Marie, menez-le au Père céleste, et donnez-nous toujours plus la grâce de vivre le moment présent dans la paix et la joie. » Nous avons prié pour que le Père et tous les saints viennent chercher cette âme. Je ne crois pas qu'une personne qui aura cherché Dieu, cherché le bien pendant sa vie, reniera tout par orgueil au moment suprême du passage par la mort. Je crois que la Révélation pleine et entière sera plus forte que les manigances du diable pour nous attirer à lui. Et pour ceux-là qui persisteraient, en toute conscience, à choisir la damnation éternelle, que dire?

Dieu a repris Léonard et me donne son Esprit Saint.

C'est d'une voix ferme que j'entonne l'alléluia que tous reprennent. Et j'ajoute ce « tout est grâce » cher à mon cœur. D'où vient-elle cette force, cette paix qui est la mienne si ce n'est de Dieu, de l'Esprit Saint? Je reconnais la présence de l'Esprit Saint à plusieurs étapes de ma vie. Et, en particulier, à dix-sept ans, lorsque la lecture du *Journal d'un curé de campagne* de Georges Bernanos me fit entrer dans la vie adulte, dans une foi adulte, et dans l'espérance, puisqu'à l'instar de la petite Thérèse j'apprenais à dire « Qu'est-ce que cela fait? Tout est grâce! » Nous sommes le produit de nos rêves, de nos rencontres, de nos lectures. À dix-sept ans, l'Esprit Saint me prenait par la main pour me faire lire cette œuvre magistrale qui me préparerait à accepter la mort prématurée de mon mari.

Je n'avais jamais vécu la mort de personne. Je ne reconnais plus le corps de Léonard qui me semble désormais vide. Il ne m'est plus familier. Il n'est plus habité. Il n'a plus ni chaleur ni couleur. Je ressens presque physiquement que l'âme de mon Léonard est partie. Ma foi me porte à dire qu'elle est partie vers son créateur, vers notre Dieu. Insufflée par Dieu, elle lui revient. Les chrétiens le disent dans le credo : « Nous croyons à la Vie éternelle, à la résurrection des morts et à la vie du monde à venir. » Le Christ a vaincu la mort une fois pour toutes. Il nous a délivré des tombeaux.

Avec les yeux de la foi, je ne peux que trouver belle la mort de mon mari, malgré sa rudesse. Bien sûr, les morts peuvent être parfois brutales, soudaines, accidentelles, violentes, mais je regrette que tant de gens – lorsque c'est possible – n'aient pas la chance, oui la « chance », d'accompagner la mort de leur proche et que tant de gens n'aient pas la chance d'être accompagnés par leurs proches dans la mort. Pour Gaétane, comme pour moi, savoir que son père est mort paisiblement est important et apaisant. Elle m'interroge sur les victimes des attentats. Sont-ils morts en paix ? Elle ne m'interroge pas seulement sur la circonstance de la mort qui, dans le cas d'un attentat est des plus violentes mais sur l'âme de la personne. Était-elle en paix ? Je l'espère bien. Cela reste le secret de Dieu. Mais pour Léonard, je crois pouvoir dire qu'il est mort en paix. C'est un cœur pur, un cœur simple et doux. Il a illuminé ceux qu'il a rencontrés par son sourire.

Je ne ressens pas encore de fatigue physique ou psychologique mais suis plutôt mue par une grande force. Je me lève et vais dire par téléphone la nouvelle aux proches absents. Je ne leur dis pas « Léonard est mort » mais « Léonard contemple la gloire de Dieu ». Cette phrase sort d'elle-même, sans avoir été préparée. Comment ne pas voir ici aussi l'œuvre de l'Esprit Saint ?

L’annonce faite aux enfants

L’heure est venue pour moi de quitter la pièce, cette chambre 12 du pavillon Montyon, et d’annoncer la nouvelle à mes enfants. Je rentre. Je rentre dans cette maison, notre maison, désormais vide de la présence physique de Léonard et pleine de nos souvenirs.

Annoncer à nos enfants que leur père est mort : la tâche est ardue et émotionnellement forte !

Mes parents sont là. Ils savent. Ils ont vécu l’agonie et la mort de Léonard dans le service auprès de nos enfants, leurs petits-enfants, dont ils s’occupent pendant ces journées, ces soirées, ces nuits où je suis à l’hôpital. Les enfants sont tout joyeux de me revoir. J’ai l’impression de ne pas les avoir vus depuis un siècle. Ils ne savent pas encore. Ils vont savoir à présent. Comment vont-ils réagir ? Comment le leur dire ?

L’Esprit Saint me prend sous son ombre et me donne encore sa force. Force de rester souriante. Je leur confie avoir quelque chose d’important à leur dire. Je les attire devant notre coin prière, les enveloppe tous les quatre dans mes bras. Je ne leur dis pas « Papa est parti » ou encore

« Papa a disparu » mais : « Votre papa allait mal. Il est mort et à présent contemple la gloire de Dieu. »

Mais ils ne me croient pas, ils rigolent : « C'est pas vrai. » Je crois qu'ils sont surpris par mon sourire, par cette sérénité qui m'habite. Je m'étonne intérieurement, j'étais sûre qu'ils avaient compris ! J'avais envoyé des signaux. Trois semaines avant la mort, mes aînées avaient exprimé la crainte qu'il ne meure bientôt. Mais malgré tout, leur force de vie, leur insouciance d'enfants, les empêchaient de se projeter et d'envisager la mort.

Je dois reprendre : « Si, c'est vrai, je ne blaguerai pas avec ces choses-là, je vous assure, votre papa est mort. » Cette fois, ils me croient. Calixte et Gaétane se décomposent. Ils se mettent tous à pleurer.

L'Esprit Saint me prend encore sous son ombre et me donne la sagesse, l'intelligence de trouver les mots qui rassurent : « Nous allons continuer. Nous allons continuer d'être heureux. Nous allons continuer d'être une famille. Papa sera toujours à nous aimer et nous protéger, il est et sera toujours fier de nous, même si nous ne pouvons plus le voir. Nous allons continuer et c'est aussi ce que Papa veut. Ne laissez personne vous dire que vous n'avez plus de Papa. Bien sûr vous avez un Papa. Mais vous ne pouvez pas le voir, parce qu'à présent il est au ciel. Il chante et danse avec les anges et tous les saints. Et nous ne serons pas seuls. La famille, vos parrains et marraines, nos amis seront aussi toujours là. »

Ils m'écoutent, très attentifs. Ils ne pleurent plus. Je suis surprise de leurs premières réactions. Gaétane, huit ans à ce moment-là, déclare : « Ah bien alors, mes enfants ne connaîtront pas leur grand-père, eh bien j'espère qu'ils connaîtront leur grand-mère. » Étonnant qu'elle se projette ainsi sur un long terme. Mais ce que j'entends aussi et surtout est qu'elle a peur que moi, sa mère, je ne meure trop vite. Et qu'elle se retrouve seule. En effet, elle ajoute : « Et si tu meurs aussi, qui s'occupera de nous ? » C'est une question logique, naturelle et légitime. Je suis contente qu'elle l'exprime. Je ne peux pas lui promettre de mourir grand-mère et de connaître ses enfants. Je ne pourrai jamais la rassurer complètement, partageant avec elle la condition de mortelle. Mais je lui assure être en ce jour en bonne santé et vouloir vivre le bonheur ici-bas, pour moi-même, avec et pour mes enfants, unis tous ensemble à Léonard. Je m'engage une fois de plus au nom des parrains et marraines à ce qu'ils demeurent présents pour nous.

Gaétane ajoute encore : « Avant on était inquiet maintenant on est triste ! » Elle me dit qu'elle préfère être triste qu'inquiète. Et par la suite elle me rapporte cette histoire de saint Louis qui pleurait la mort de son frère :

– « Sire, vous pleurez alors que votre frère est auprès de Dieu », lui dit un compagnon.
– « Je sais, mais je l'aimais tant », répond saint Louis.

Elle m'explique qu'elle est un peu comme saint Louis, heureuse de savoir que son père est au ciel mais triste de savoir qu'elle ne le verra plus, parce qu'elle l'aime. Comme elle résume bien la situation du haut de ses huit ans !

Mayalène, neuf ans, me déclare : « Eh bien alors, tu es veuve ! » Curieux ce besoin des enfants de mettre un mot sur les choses. Étonnant aussi qu'elle ne pense pas à elle en tant qu'orpheline mais à moi sa mère.

Cette nuit-là, nous dormons tous ensemble dans la même pièce. Réconfortés d'être ensemble, avec notre tristesse et notre joie.

Le lendemain matin, je les emmène au funérarium de l'hôpital voir le corps de leur papa. Il me semble important qu'ils le voient pour faire leur deuil. J'ai tâché d'expliquer qu'ils risquaient de ne pas vraiment reconnaître leur papa à présent que la vie l'a quitté. Les enfants sont un peu graves, à peine fébriles. Ils ont encore apporté des dessins qu'ils posent sur le corps de leur papa. Ils le touchent, l'embrassent. Tous sont émus mais ne pleurent pas.

J'ai sollicité la présence des parrains et marraines de nos enfants, leur demandant de poser une main sur l'épaule de leur filleul. Le geste a une symbolique forte. Tous les cinq nous nous sentons donc littéralement « épaulés ».

Nos enfants reviendront au funérarium une semaine plus tard, les bras toujours chargés de dessins pleins de vie et de couleurs, pour un dernier au revoir lors de la mise en bière. Ils n'ont jamais assisté à un enterrement. Ils ne savent pas ce qu'est un cercueil, une tombe. Je veux qu'ils voient que c'est bien le corps de leur papa qui est posé dans cette « boîte » qui sera ensuite mise en terre. Je veux qu'ils comprennent que la mort fait partie de la vie terrestre, que c'est assez simple en fin de compte. L'homme naît et meurt. Sa vie peut être plus ou moins longue et la valeur de sa vie n'est pas fonction du nombre des jours écoulés. J'espère que devenus adultes, ils auront cette foi qui permet de dire que la mort n'est qu'un commencement. Je l'espère parce que cela me rend heureuse d'avoir cette foi et que je leur souhaite tout le bonheur, tout le meilleur possible.

Les enfants sont tous présents le temps d'une ultime prière auprès du corps de leur papa. En revanche, pour la mise en bière à proprement parler, qui est un moment difficile, je les laisse libres d'être présents ou non, d'aller et venir à leur guise.

La communion

À mes yeux, Léonard a réussi sa mort comme il a réussi sa vie. Paisiblement. Aimant et aimé. Aimé et aimant. Sans faire beaucoup de bruit. Et pourtant le bruit de cette paix retentit. Les proches, amis, famille, fidèles, inconnus sont venus massivement dans notre église, en ce matin du 4 décembre 2013, prier pour le repos de l'âme de Léonard et pour nous soutenir.

Le jour de notre mariage, dix ans plus tôt, Léonard est entré dans l'église en premier, selon la tradition. Il attend la mariée. Ce jour d'enterrement, son corps me précède, porté par des proches. Il m'a devancée, encore une fois. Il m'attend. Cette fois pour les noces éternelles.

Je marche derrière le cercueil, accompagnée de nos quatre enfants portant chacun un petit bouquet qu'ils déposent sur le cercueil. Je ne me suis pas résignée à porter du noir. Cela m'aurait trop pesé. Aussi j'arbore une grande étole blanche avec des fleurs brodées de fils multicolores. Nos filles portent leurs manteaux fuchsia. Quant à Calixte, il brandit son bouquet tel un trophée. Beaucoup dans l'assemblée sont venus aussi avec ces notes de blanc et de couleurs. Cela me réchauffe et me réjouit. Je ne comprends pas que le noir soit la couleur du deuil dans nos pays occidentaux. Puisque la vie a vaincu la mort, je suis d'avis de porter les couleurs du Ressuscité !

D'ailleurs, le vitrail représentant la Résurrection de Jésus s'éclaire. Le soleil s'infiltre et inonde notre église.

Comme Léonard, il laisse passer la lumière venue de Dieu.

C'est lors de cette messe d'enterrement de son papa que notre Clémence, âgée de six ans tout juste, communie pour la première fois. Son insistance est si grande, son cœur si désireux de rejoindre le Seigneur, de s'unir à Dieu, à son papa et à tous les saints du ciel dans la communion, que le prêtre qui célèbre la messe acquiesce à sa demande et à la mienne. C'est une grande joie pour nous deux, pour nous trois, car je sais que Léonard s'unit à cette joie. Notre rêve d'unité que l'amour humain ne satisfait pas parfaitement, notre Dieu le réalise par l'Eucharistie : « Celui qui mange ma chair et boit mon sang demeure en moi et moi en lui. »

Le Seigneur n'a pas permis la guérison physique de Léonard mais il se manifeste bien là, sur cet autel, et d'une façon ô combien mystérieuse. Le mystère de l'Eucharistie et le mystère de la Résurrection sont tous deux des mystères de la Vie et de l'Amour qui triomphent.

Dans ce cercueil, le corps de Léonard repose. Durant le rite de l'aspersion, où chacun vient bénir son corps, les enfants se tiennent de chaque côté du cercueil pour offrir la carte réalisée sur Léonard. D'un côté figure sa photo, et au dos, ce que j'ai appelé les « paroles de Léonard » prononcées à différents moments de sa vie, et qui sont aussi les titres des chapitres de ce livre. Ces « paroles », nous les disons désormais lors de nos prières familiales.

« Si je ne peux plus marcher ? Eh bien, je courrai ! »
« Si je ne peux plus parler ? Eh bien, je chanterai ! »
« Si je guéris ? Eh bien, on continue ! »
« Si je ne guéris pas ? Eh bien, on continue aussi ! »

Ces paroles ont été reprises dans le carnet de pèlerinage de la salle où Léonard avait séjourné à Lourdes, en mai 2013. Cela me touche. Je suis heureuse et fière de ce que Léonard a été, de ce qu'il nous laisse comme héritage.

Cette messe est vécue dans une grande joie et c'est dans une dernière action de grâce que tous applaudissent, sur le parvis de l'église, le corps de Léonard qui part pour être inhumé. Ces deux heures et demie de messe ont passé en quelques secondes pour moi. Mayalène a lu de sa voix posée avec son assurance habituelle et Calixte ne s'est pas agité. Chants, lectures, homélie et témoignages nous incitent à emprunter ce chemin de la confiance, à la suite de Jésus et de Léonard. Je ne suis pas la seule à être profondément habitée par l'Esprit et soutenue par tous ces fidèles. Nous nous portons les uns les autres pour ne former qu'une seule assemblée, un seul corps.

Vivre l'absence

« Le Seigneur est ma lumière et mon Salut. De qui aurais-je crainte ? »

Psaume 26

Pour certains c'est une histoire. Pour mes enfants et pour moi, c'est notre histoire. Histoire qui nous a marqués à jamais. À jamais inscrite dans ma mémoire, dans ma chair, dans ce que je suis, dans ce que nous sommes.

La séparation est dure à vivre ici-bas. Léonard nous manque, terriblement, physiquement. Cette absence est cruelle, parfois crucifiante. Le manque est criant, parfois même au milieu de proches très chers. Car « un seul être vous manque, et tout est dépeuplé », disait Lamartine. C'est triste. Voir des époux, des amants s'embrasser ou se prendre par la main peut être douloureux. Cela me ramène à ma solitude, au grand absent, au vide. Vivre encore tant d'années sans Léonard me paraît vertigineux, abyssal. J'envie ceux qui ont cinquante ou soixante ans d'amour. Réalisent-ils la chance qu'ils ont ?

J'ai quarante ans, je suis au milieu de ma vie, autant éloignée de ma mort que de ma naissance. Je tente de ne pas me comparer ni de me projeter. Certains jours j'y parviens, d'autres moins. « Quelle femme heureuse deviendra-t-elle, la petite Antigone ? » demande cette dernière à son oncle

Créon. Je ne doute pas de mon bonheur aujourd'hui et de celui à venir. Mais c'est un bonheur à construire différemment, sans pouvoir voir celui que mon cœur aime. Il me faut «continuer» comme le disait Léo, continuer à vivre jour après jour, malgré l'absence physique, continuer à faire des projets à ma hauteur, à me réjouir de la beauté, pour les autres comme pour moi. L'amour de Dieu nous est pour toujours acquis mais le bonheur terrestre, lui, est à renouveler chaque jour. C'est encore pour aujourd'hui que je demande la grâce de l'Esprit. Et non pas pour demain. Demain tout peut changer bien sûr.

Mais demain est un autre jour…

Parfois je trouve refuge chez des proches, ceux à qui je peux dire beaucoup, à défaut de tout dire. Ceux dont la présence est douceur réconfortante, ceux qui n'auront pas peur de mes larmes, qui n'auront pas peur parfois de pleurer avec moi. Il m'est arrivé de fondre en larmes en entendant des musiques de Bach ou de Haydn. Léo a tant joué certaines de leurs compositions au violoncelle. Écouter des chansons sur lesquelles nous aimions danser fait naître aussi mes larmes. Alors j'imagine nos retrouvailles, nos danses dans les cieux. Quelle fête ce sera ! Quelquefois c'est la beauté qui me console : peinture d'un Rembrandt ou de Veronica Von Degenfeld, ou plus simplement l'odeur de la terre qui remonte lors de la tombée de la nuit, ou encore les couleurs d'un liquidambar en automne. Rien que l'évocation du nom de cet arbre me met en joie : liquidambar.

Je ne réalise pas toujours la mort de Léonard, tant il me semble proche, familier. Les photos de lui datant d'avant sa

SLA me semblent avoir été prises hier. Je me souviens de chacune. Parfois au contraire, elles me semblent venir de très loin. Comme si la maladie les avait rendues floues.

Mayalène l'aînée de nos enfants n'a que neuf ans à la mort de son père. Calixte le plus jeune à peine cinq. Je m'interroge : « Quels souvenirs garderont-ils de lui ? En auront-ils de lui étant valide ? » Je ne sais pas. « Papa je te ve. » Voici la phrase que j'ai découverte l'autre jour sur le frigidaire, formée avec les lettres magnétiques. Calixte a tout juste six ans lorsqu'il écrit cela. Quelques mois plus tard, au printemps 2015, il marche deux mètres devant moi et fait le vœu suivant tout en soufflant sur un pissenlit : « Je voudrais que mon papa, il ressuscite ! » Son cousin de quatre ans et demi marche derrière moi. Il n'a pas entendu le souhait de Calixte. Mais je l'entends dire en soufflant sur son pissenlit à lui : « Faites que mon papa, il n'aille plus jamais à son bureau ! » Je suis bouleversée de cette expression à tous deux du besoin de leur père, de la présence paternelle. Pour le petit cousin, qui a pourtant un père très présent et attentionné, ce n'est jamais assez. Le bonheur n'est jamais aussi parfait que lorsque ses deux parents sont là, complémentaires et différents.

Pour Calixte, à présent que son père n'est plus physiquement présent, un vide se ressent. Lui aussi voudrait voir son père, le sentir, le toucher. Il s'insurge parfois contre l'injustice. Si tous les papas étaient morts, cela lui semblerait plus facile. Blessure de l'abandon. Blessure de l'injustice ! Il lui en faudra du courage à ce petit bonhomme pour assumer sa différence qui est de grandir avec un père au ciel. Calixte, comme ses sœurs, portera toute sa vie cette empreinte indélébile de la mort précoce de son père. Ce sera sa croix. Mais je sais que ce ne sera pas seulement une croix. Calixte, le plus jeune de nos enfants, est aussi le seul garçon de la famille à présent. Son père n'est pas là pour lui apprendre comment être un homme. Quant aux filles, c'est le regard paternel admiratif et fier, révélateur de leur féminité, qui manquera. Ce n'est pas facile de grandir sans pouvoir s'identifier ou s'opposer. Nos enfants n'ont pas ce modèle masculin identificatoire.

Quant à moi, je dois désormais assumer seule les fonctions maternelles et paternelles. Autant que faire se peut. Parfois, il est difficile, presque contre nature, de jouer ce rôle séparateur de père d'autant que les enfants ont toujours été, et sont toujours, très proches de moi. Je veux pourtant réussir à les pousser vers demain, vers l'action. Je me réjouis d'avoir du temps à leur consacrer, de les voir grandir, de leur soif de vie, de bonheur et de gaieté. Aujourd'hui je suis seule pour éduquer mes enfants, répondre à leurs attentes, leurs besoins, vivre leurs joies et leurs peines d'enfants, faire les bons choix qui leur permettront de devenir des adultes libres et heureux. Être en permanence sur tous les fronts s'avère fatigant. L'Esprit Saint me donne sa force chaque jour et « rien que pour aujourd'hui ». De plus, chose admirable et étonnante, je crois que Léo, du ciel, m'envoie cette qualité qui était tellement sienne : la patience !

J'espère que mes enfants auront les racines et les ailes dont tout un chacun a besoin pour devenir adulte. Souvent je me dis que je tenterai de donner les racines et que Léo fera tout pour leur donner des ailes. Car je peux d'abord et avant tout compter sur lui. Il est bien là. En esprit. Et en vérité. Il est entré en nous, nous soutient, nous protège et ne nous quitte plus. Il nous a transmis son espérance.

Voilà pourquoi la mort de Léonard ne sera pas seulement qu'une croix à porter. Je peux parfois trouver des relais, auprès des proches, familles, amis, parrains et marraines. Je sais pouvoir compter sur leur aide. Et cela m'est précieux.

Au cœur de ma tristesse, de cette solitude que je peux parfois ressentir, il y a autre chose. Il y a, pour aujourd'hui, une joie réelle et non factice. Joie profonde, de savoir Léonard en présence de Dieu notre Père, et de vivre que l'amour demeure malgré la mort. Joie et tristesse peuvent être indissociables dans le deuil. Pour moi de façon plus simultanée qu'alternative.

Ce n'est pas seulement ma joie et ma certitude mais bien aussi celle de mes enfants. Je suis heureuse de voir qu'ils ont bien reçu le message sur la présence de leur papa. À plusieurs reprises, mes enfants se sont entendu dire : « Si ton papa était là… » Ce à quoi ils répondent immédiatement, en coupant la parole et en haussant le ton, « mais il est là ! » Les enfants vivent l'absence physique de leur papa, parfois durement. Mais dans le même temps, ils vivent de cette présence. Si nos enfants comme moi-même sommes, à ce jour, pleinement gais et heureux malgré tout, l'intercession de Léonard et sa présence par-delà les cieux y sont pour beaucoup. Pour nos enfants, ce n'est pas comme s'ils n'avaient pas de père, ils ont un père. C'est essentiel pour eux. Je leur ai offert à tous un poster géant, unique pour chacun de nos enfants. Trente-cinq photos différentes multipliées par quatre. Cela fait donc cent quarante photos montrant

Léonard avec l'un ou l'autre de ses enfants, ou encore tous ensemble. Sur ces images, ils voient comme leur père a été présent pour eux. Comme il les a portés, embrassés, consolés, a joué avec eux, les a aimés. Ils savent son amour, sa fierté, ils le connaissent. Ils en parlent, s'y réfèrent, l'admirent, l'idéalisent un peu aussi. Cet amour réciproque qui perdure malgré la mort est sûrement pour beaucoup dans le fait qu'ils soient aussi gais. Chaque matin et chaque soir, nos quatre enfants embrassent l'une de ces photos. Parfois aussi, je les surprends à regarder les livres de photos ou à lire les témoignages reçus sur leur papa. Ils s'adressent souvent à lui, sur tous les tons :

– *« Papa, j'ai embrassé maman sur la bouche, tu es jaloux ? »*

– *« Papa, regarde mon dessin ! Mais tu ne regardes pas là, allez ! »*

– *« Papa, une petite framboise ? »*, tout en se hissant sur la pointe des pieds et tendant ladite framboise vers le ciel : *« Ah c'est compliqué, j'suis peut-être pas assez grande ! »*

– *« Papa, il te plaît mon poème que j'ai inventé pour toi ? »*

Pour la première fête des pères après la mort de leur papa, les maîtresses m'interrogent : « Que faire ? » Mon souhait est vraiment que les enfants puissent appréhender la mort avec le plus de naturel, de simplicité et bien sûr de foi possible. Leur père n'est pas « parti ». Leur papa est mort pour entrer dans la Vie éternelle. Puisqu'ils ont un papa bien vivant dans leurs cœurs, ils lui réciteront leurs poésies. Et Léonard les entendra, s'en réjouira (et moi avec) et sera fier d'eux (et moi avec). Les enfants pourront mettre leur cadeau dans leur chambre, avec leurs trésors et leurs secrets, ou le poser sur la tombe.

Une amie me rapporte une conversation surprise entre nos deux derniers enfants, peu avant la fête des pères. Calixte dit à Clémence : « Tu vois, nous, on n'a pas de chance que papa soit mort… » Après le début de cette phrase, elle s'attend à ce que Calixte termine en disant quelque chose comme « on n'a pas de chance car on ne peut pas lui donner son cadeau » ou encore « on ne peut pas voir comme il est content ». Mais non, il poursuit : « Bah oui, on peut même pas lui faire de surprise pour la fête des pères, car il voit déjà tout ! »

Nous sous-estimons la force de nos petits. Ils nous donnent de grandes leçons de foi, de joie, de vie au présent. Leur papa est bien présent, et du ciel les contemple.

Nous allons parfois sur la tombe de Léo. Lors de l'inhumation, Clémence, toute fière avec des chaussures de princesse, à talons, argentées et pailletées, que je l'ai autorisée à porter, n'avait pu s'empêcher de déposer à plusieurs reprises une rose sur le cercueil. Elle le faisait avec une telle gaieté que c'en était touchant. Aujourd'hui c'est avec la même joie qu'elle embrasse la tombe à chaque fois qu'elle vient s'y recueillir. Mayalène propose un chant et entraîne la fratrie dans une grande allégresse. Cela m'émeut, parfois aux larmes. Et cela me réjouit.

Le corps de Léonard n'est plus qu'une « dépouille ». Je suis contente d'habiter tout près du cimetière où il est enterré, de rendre des visites à sa tombe, mais je n'y suis pas non plus attachée plus que cela. Léonard m'accompagne partout et n'est pas plus présent au cimetière qu'ailleurs.

Un jour, une amie m'a dit qu'elle n'était pas prête à ce que son mari, qui n'a aucun problème de santé avéré, meure. Pourtant, un jour il mourra. Et chaque jour qui passe nous rapproche de ce jour. Tant que nous sommes en bonne santé, nous le savons mais ne le ressentons pas, ne vivons pas cette réalité. Et le fait que la mort soit si absente de nos paysages quotidiens ne nous aide pas à en appréhender la réalité. Je suis plus que jamais convaincue qu'il nous faut vivre chaque jour comme si ce devait être le dernier, pour soi comme pour l'être aimé, parent, enfant ou conjoint. Ne jamais se quitter sans lui dire et lui redire son amour. Banalité extrême que de dire cela mais combien portent en eux l'écho des silences et des reproches ? Et quand la mort sépare, alors ces silences et ces reproches se font culpabilité insidieuse qui blesse jusqu'à la moelle. Reste encore le sacrement de la réconciliation, seul véritable chemin vers la paix, vers la douceur. Cette absence serait autrement plus difficile pour moi si je culpabilisais démesurément, si j'en venais à douter de moi, de ma capacité à aimer. Cette absence sera aussi d'autant plus dure si la solitude terrestre est trop forte. D'où l'importance aussi d'être attentifs, présents à ses pairs éprouvés par le deuil comme par la maladie.

Calixte pose parfois la grande question : « Pourquoi il est mort papa » ? Si jeune encore et déjà en quête de sens.

Scandale de la souffrance, scandale de la croix, de la mort. Encore plus scandaleuse, pour notre regard humain, lorsqu'elle touche des innocents, des cœurs purs qui ne « méritaient pas cela ». Mais qui peut dire qui le mérite ?

Scandale pour celui qui perd sa vie « trop » jeune. Mais l'amour que nous portons à nos proches n'est pas lié au nombre des années vécues.

Scandale pour celui qui perd son père, son époux, son fils, son ami.

Scandale du péché originel qui nous oblige alors à la mort corporelle.

Je me remémore notre rencontre Léo et moi, lors de cette université d'été. Ironie de Dieu, notre rencontre avait été placée sous le thème de la liberté.

Ironie car je souscris à ce que dit Bernanos : c'est la liberté qui est « scandaleuse », et non pas la souffrance. Sans la liberté, il n'y aurait pas eu de péché originel. Sans péché originel, y aurait-il eu mort et souffrance ? Dieu aurait pu nous créer « impeccables », sans défaut, incapables de pécher.

Mais nous aurions alors été Dieu… Comme il est difficile parfois de n'être qu'une créature…

Liberté scandaleuse mais liberté bienheureuse. Sans elle, nous serions des légions d'automates, de marionnettes, de poupées de chiffon.

Au cœur de ma tristesse et de ma joie, il y a aussi Quelqu'un. Celui qui a accepté d'être une créature, Celui qui a souffert dans sa chair et dans son âme, pour nous montrer qu'Il nous aime. Celui qui fut tenté par le tentateur mais ne céda pas. Celui qui est le grand adorateur. Celui qui obéit à son Père. Celui qui Est. Celui qui sauve. Ce Jésus qui se sert de sa toute-puissance pour révéler son amour fou. Il est celui qui nous invite à entrer dans une danse et dans une joie qui ne finissent pas.

Je ne suis pas scandalisée par cette mort, cette souffrance. Je ne suis pas révoltée. Ni terrorisée, ni anéantie. Je suis sûre d'être aimée d'un amour fou par notre Dieu, sûre que Léonard, comme moi-même, comme chacun de nous, sommes aimés d'un amour fou. Dieu n'a pas de compte à nous rendre. Cela ne me pose aucun problème de me dire qu'« un jour je comprendrai tout ».

La souffrance n'empêche pas la foi. Et inversement la foi n'empêche pas la souffrance. Dieu n'a pas voulu toutes ces difficultés, cette déchéance physique. Pour répondre à cet appel de la sainteté donné à chacun, Il a donné la grâce de l'Esprit à Léo. Cet Esprit, nos yeux l'ont reconnu dans cette absence de révolte ou de plainte, cette acceptation, ce sourire. En ceci, Léonard transcende la maladie et illustre bien cette phrase de Paul Claudel : « Dieu n'est pas venu pour supprimer la souffrance. Il n'est même pas venu l'expliquer mais il est venu la remplir de Sa présence. »

Je crois avec une absolue certitude que Dieu a horreur du mal mais qu'Il s'en sert pour un plus grand bien. Tous ne sont pas prêts à entendre le fameux « tout est grâce » de sainte Thérèse. Et pourtant, je sais bien, moi, que Dieu, mystérieusement tire déjà un bien depuis cette souffrance vécue, de cette absence physique de Léonard aujourd'hui, que tout « devient grâce ».

Parfois mes filles me demandent quand leur papa sera canonisé, reconnu comme saint par l'Église ! La question de nos filles est un élément de réponse à celle de Calixte : « Pourquoi papa est-il mort ? »

La naissance au ciel de Léonard est, pour moi, comme une invitation à changer de chemin, entrer dans celui de l'abandon, à la suite de Léonard qui ne s'est jamais departi ni de son sourire ni de sa confiance. Je vis sa mort comme un appel à la conversion, à la compassion, à la rencontre des autres.

Léo s'est fait témoin de la foi, de l'espérance et de la charité dans le Christ. Il a touché les cœurs, il a rayonné de cette lumière divine qu'il laissait passer à travers son sourire, son rire. Sa maladie, sa souffrance, sa mort et son intercession aujourd'hui, je le crois, portent du fruit en cela que notre foi, notre espérance, notre charité, à nous qui sommes encore vivants, sont ranimées, vivifiées.

Aujourd'hui, cette voix qui s'est tue chante dans les cieux.

Mayalène aussi l'a bien compris, elle qui répond à son professeur d'anglais de sa classe de sixième, qui l'interroge en anglais sur ce que font ses parents :

« My father sings the glory of God[1]*. »*

---

1. « Mon père chante la gloire de Dieu. »

« Si je ne peux plus marcher ? Eh bien, je courrai ! »
« Si je ne peux plus parler ? Eh bien, je chanterai ! »
« Si je guéris ? Eh bien, on continue ! »
« Si je ne guéris pas ? Eh bien, on continue aussi ! »

Table des matières

III

« Si je guéris ? Eh bien, on continue ! »

IV

« Si je ne guéris pas ? Eh bien, on continue aussi ! »

Composition et mise en pages : Facompo, Lisieux
N° édition : 18213-04
Achevé d'imprimer en novembre 2018
par Soregraph-Livres en France.
Imprimé en France

L'imprimerie Soregraph est titulaire de la marque Imprim'vert©
depuis 2004